APRENDIZAGEM E SUA DIMENSÃO COGNITIVA, AFETIVA E SOCIAL

Dados Internacionais de Catalogação na Publicação (CIP)

D885a   Dumard da Silva, Kátia.

Aprendizagem e sua dimensão cognitiva, afetiva e social / Kátia Dumard da Silva. – São Paulo, SP : Cengage, 2016.

Inclui bibliografia.

ISBN 978-85-221-2900-3

1. Psicologia da aprendizagem. 2. Aprendizagem cognitiva. 3. Aprendizagem afetiva. 4. Aprendizagem social. I. Título.

CDU 37.015.3
CDD 370.15

Índice para catálogo sistemático:

1. Psicologia da aprendizagem   37.015.3

(Bibliotecária responsável: Sabrina Leal Araujo – CRB 10/1507)

APRENDIZAGEM E SUA DIMENSÃO COGNITIVA, AFETIVA E SOCIAL

CENGAGE

Austrália • Brasil • México • Cingapura • Reino Unido • Estados Unidos

CENGAGE

Aprendizagem e sua dimensão cognitiva, afetiva e social

Conteudista: Kátia Dumard da Silva

Gerente editorial: Noelma Brocanelli

Editoras de desenvolvimento: Gisela Carnicelli, Regina Plascak e Salete Guerra

Editora de aquisições: Guacira Simonelli

Coordenadora de conteudistas: Luciana Gomide Mariano Carmo

Produção editorial: Fernanda Troeira Zuchini

Copidesque: Sirlene M. Sales

Revisão: Rosângela Gandini e Renata Eanes Hägele

Diagramação e Capa: Marcelo A. Ventura

Imagens usadas neste livro por ordem de páginas:

Warebreak media/Shutterstock; YuryImaging/Shutterstock; Angela Waye/Shutterstock; Anastasios71/Shutterstock; Dimitrios/Shutterstock; Panos Karas/Shutterstock; a Katz; Tupungato/Shutterstock; claudio zaccherin/Shutterstock i; Lightspring/Shutterstock; Rawpixel/Shutterstock; BoBaa22/Shutterstock; VLADGRIN/Shutterstock; Milena Moiola/Shutterstock; Olesia Bilkei/Shutterstock; bikeriderlondon/Shutterstock; Rawpixel/Shutterstock; Pressmaster/Shutterstock; Pressmaster/Shutterstock; Arthimedes/Shutterstock; Marish/Shutterstock; arbit/Shutterstock; oliveromg/Shutterstock; Everett Historical/Shutterstock; Evgeny Atamanenko/Shutterstock; T and Z/Shutterstock; mishabender/Shutterstock; aga7ta/Shutterstock; strelov/Shutterstock; igor kisselev/Shutterstock; gabydesign/Shutterstock; igor kisselev/Shutterstock; Poznyakov/Shutterstock; Rinika25/Shutterstock; america365/Shutterstock; Leonardo da/Shutterstock; CoraMax/Shutterstock; america365/Shutterstock; Jane0606/Shutterstock; Digital Storm/Shutterstock; Cienpies Design/Shutterstock; Irina Matskevich/Shutterstock; Matthew Cole/Shutterstock

© 2016 Cengage Learning Edições Ltda.

Todos os direitos reservados. Nenhuma parte deste livro poderá ser reproduzida, sejam quais forem os meios empregados, sem a permissão por escrito da Editora. Aos infratores aplicam-se as sanções previstas nos artigos 102, 104, 106, 107 da Lei nº 9.610, de 19 de fevereiro de 1998.

Esta editora empenhou-se em contatar os responsáveis pelos direitos autorais de todas as imagens e de outros materiais utilizados neste livro. Se porventura for constatada a omissão involuntária na identificação de algum deles, dispomo-nos a efetuar, futuramente, os possíveis acertos.

Esta editora não se responsabiliza pelo funcionamento dos links contidos neste livro que possam estar suspensos.

Para permissão de uso de material desta obra, envie seu pedido para
direitosautorais@cengage.com

© 2016 Cengage Learning Edições Ltda.
Todos os direitos reservados.

ISBN 13: 978-85-221-2900-3
ISBN 10: 85-221-2900-2

Cengage Learning Edições Ltda.
Condomínio E-Business Park
Rua Werner Siemens, 111 - Prédio 11
Torre A - Conjunto 12
Lapa de Baixo - CEP 05069-900 - São Paulo - SP
Tel.: (11) 3665-9900   Fax: 3665-9901
SAC: 0800 11 19 39

Para suas soluções de curso e aprendizado, visite
www.cengage.com.br

Impresso no Brasil
Printed in Brazil

Apresentação

Com o objetivo de atender às expectativas dos estudantes e leitores que veem o estudo como fonte inesgotável de conhecimento, esta **Série Educação** traz um conteúdo didático eficaz e de qualidade, dentro de uma roupagem criativa e arrojada, direcionado aos anseios de quem busca informação e conhecimento com o dinamismo dos dias atuais.

Em cada título da série, é possível encontrar a abordagem de temas de forma abrangente, associada a uma leitura agradável e organizada, visando facilitar o aprendizado e a memorização de cada assunto. A linguagem dialógica aproxima o estudante dos temas explorados, promovendo a interação com os assuntos tratados.

As obras são estruturadas em quatro unidades, divididas em capítulos, e neles o leitor terá acesso a recursos de aprendizagem como os tópicos *Atenção*, que o alertará sobre a importância do assunto abordado, e o *Para saber mais*, com dicas interessantíssimas de leitura complementar e curiosidades incríveis, que aprofundarão os temas abordados, além de recursos ilustrativos, que permitirão a associação de cada ponto a ser estudado.

Esperamos que você encontre nesta série a materialização de um desejo: o alcance do conhecimento de maneira objetiva, agradável, didática e eficaz.

Boa leitura!

Prefácio

Todo o tipo de aprendizado reflete no crescimento e desenvolvimento do ser humano.

É importante avaliar que, por meio da aquisição de conhecimento e informação, o ser humano delineia o seu caráter, ocasião em que poderá emitir sua própria opinião, estabelecer seus próprios critérios de sobrevivência e a transmissão das suas experiências para as gerações futuras próximas de si.

A influência no processo de conhecimento data dos primórdios, quando cientistas e filósofos já revelavam suas abstrações acerca do ato de aprender e conhecer.

Este material didático aborda a aprendizagem e a sua dimensão, bem como as conclusões apresentadas ao longo do tempo sobre a importância do conhecimento na vida do ser humano.

Na Unidade 1, o contexto histórico do processo de aprendizagem é apresentado, com a sua conceituação sob alguns aspectos, como o desempenho observado no processo de aprendizagem e a importância da motivação no âmbito desse processo.

A Unidade 2 explora os principais estudiosos e pesquisadores da área da educação, como Piaget, Alfred Adler, Sigmund Schlomo Freud e Kurt Lewin. Além disso, aborda, também, os conceitos basilares do construtivismo, a cognição e a afetividade na construção do conhecimento.

Na Unidade 3 são discutidas as fases do desenvolvimento psicossexual, a introdução às ideias de Sigmund Freud, o consciente, o ego e superego, a negação ou negação da realidade, o isolamento, entre outros.

A Unidade 4 trata da psicologia social, dos grupos psicoterapêuticos, da organização social da educação, das práticas educativas familiares, entre outros assuntos.

O processo de aprendizado nunca se acaba e precisa ser fomentado por meio da busca de conhecimento incessante.

Com este conteúdo, pretendemos contribuir com o alimento que mantém o processo de aprendizado ativo.

Desejamos a todos excelentes estudos.

UNIDADE 1
APRENDIZAGEM

Capítulo 1 A Importância da Aprendizagem, 10

Capítulo 2 Aprendizagem: conceituação e características, 17

Glossário, 26

1. A Importância da Aprendizagem

Desde o momento em que somos concebidos, aprender faz parte de um processo que tem início, mas não se pode prever o fim.

A aprendizagem é um processo fundamental na vida do ser humano. É através dela que o indivíduo desenvolve e aprimora habilidades e comportamentos que o ajudam a lidar com as situações diárias.

No resultado da aprendizagem, observamos não só os efeitos das experiências vividas individualmente, mas podemos detectar, também, as vivências culturais, familiares e sociais que fazem com que o ser humano construa sua identidade.

No decorrer dos séculos, por meio do processo de aprender, várias gerações tiveram a oportunidade de usufruir o que seus antepassados descobriram e aprimoraram. Essas descobertas permitiram que novos questionamentos surgissem no decorrer do tempo. A humanidade construiu um legado de conhecimento e de regras de convivência humana, que resultaram em um intercâmbio de aprendizagem que tem se perpetuado (CAMPOS, 1983).

Os educadores, por sua vez, sempre estiveram atentos a três tópicos determinantes dentro do processo educacional, a partir do momento em que o estudante ingressa em sua vida escolar. São eles:

   a) a inteligência;

   b) a aprendizagem; e

   c) as diferenças individuais.

Devemos compreender que cada estudante é um indivíduo único e que está construindo sua identidade pessoal e social. Isso faz com que o ambiente educativo seja um meio no qual as inúmeras e dinâmicas trocas entre os pares aconteçam tanto estimulando, quanto desmotivando a aprendizagem.

O processo de obtenção do conhecimento é tão relevante para o ser humano e para sua adaptação ao meio social no qual está inserido que, em função disso, foram organizados espaços educacionais específicos para que o aprendizado fosse legitimado e recebesse tratamento voltado para a priorização da qualidade.

Nas escolas, os estudantes vão avançando em nível de dificuldade em tarefas, como: adicionar, subtrair, multiplicar, ler, interpretar, demonstrar atitudes de respeito ao coletivo, entre outras, que não são aprendidas naturalmente. São ações que necessitam de orientação, planejamento e estabelecimento de etapas de acordo com a idade e/ou escolaridade, etc.

PARA SABER MAIS! O Centro de Estudos da Aprendizagem Tekoa oferece atividades de formação continuada para professores, além de ser um espaço de atendimento *em Psicopedagogia preventiva e terapêutica, investigando, refletindo e discutindo a aprendizagem e sua gama de significados. Disponível em: <http://www.tekoa-aprendizagem.com.br/principal/index.shtml>. Acesso em: mar. 2015.*

Não devemos nos esquecer de que a aprendizagem é um processo complexo, que envolve aspectos orgânicos, psicossociais, culturais, cognitivos e emocionais e que resulta no desenvolver de aptidões e conhecimentos (LIMA, 2008).

No processo de aprendizagem, os aspectos acima citados interagem mutuamente. Podemos até estudá-los separadamente, mas eles fazem parte de um todo que depende de circunstâncias internas e externas do indivíduo.

Concepções da Aprendizagem

Desde tempos remotos da História da Humanidade, os pensadores e estudiosos demonstram interesse em compreender como o ser humano aprende.

Em um primeiro momento, as teorias que foram surgindo tinham dificuldade em explicar os processos lógicos e as teorias do conhecimento.

A noção de conhecer e de aprender era tão confusa que, muitas vezes, as idéias defendidas ou aproximavam ou polarizavam esses dois conceitos.

Neste sentido, a seguir, conheceremos algumas das concepções de aprendizagem que se destacaram na Antiguidade e na Era Moderna.

Na Antiguidade

Sócrates

O filósofo Sócrates (469 a.C. – 399 a.C.) defendia a ideia de que já teríamos, dentro de nós, todo o conhecimento, e que este, por ser inato, precisaria apenas ser despertado.

Ele tirou o foco da explicação de tudo a partir dos fenômenos naturais e trouxe o ser humano para dentro de si mesmo, para que identificasse o seu potencial enquanto ser que estivesse em relação tanto consigo, quanto com os demais.

Estátua de Sócrates (409 a.C a 399 a.C.), localizada na Academia de Atenas, Grécia

Este homem voltado para conhecer a si mesmo, na visão de Sócrates, alcançaria a sabedoria e construiria, diariamente, a prática do bem (BRIZA, 2011).

Este pensador criou o método da **maiêutica**, entendendo que o mundo das ideias disciplina o espírito, e é a partir disso que as verdades universais se revelam.

Sócrates defendia o diálogo como método para educar e considerava que manter a proximidade com seus alunos era um ponto crucial e especial dentro do processo educativo. Para muitos autores, ele seria o modelo clássico de professor.

Acreditava, também, que o docente não era uma figura conhecedora de todos os saberes, mas, sim, alguém que estimulava o espírito de seus alunos para argumentarem sobre os diversos assuntos e que, juntos, fariam trocas intelectuais produtivas gerando, assim, o aperfeiçoamento humano de ambos.

Platão

O filósofo Platão (428/427 a.C. – 348/347 a.C.), discípulo de Sócrates, construiu uma teoria baseada na dualidade corpo e alma.

Para ele, o corpo estaria relacionado às coisas e, a alma, às ideias.

A alma guardaria as lembranças de experiências e ideias vividas em outra vida, ideias estas que voltariam a ser conscientes na atualidade, por meio da percepção (CAMPOS, 1983).

Neste sentido, toda forma de aprender seria um esforço de **reminiscência**. Este seria um dos princípios básicos e centrais do pensamento platônico.

Estátua de Platão (428/427 a.C. – 348/347 a.C.), situada em Atenas – Grécia

Platão é considerado o primeiro pedagogo da história, pois criou um sistema educacional no qual a formação ética, política e moral eram relevantes para que o indivíduo fosse virtuoso, conhecendo o bem e o belo.

O estudante deveria ser levado a procurar as próprias respostas para questões que o intrigavam e/ou o inquietavam e deveria ser deixado livre para desenvolver seus **postulados**.

A função do professor junto ao aluno era de auxiliá-lo a acessar as informações que já nasceram com ele e que precisariam ser organizadas para que se tornassem conhecimentos verdadeiros.

Platão defendia o **inatismo**. Acreditava que o indivíduo apresentava, desde seu nascimento, determinadas características físicas, fruto da vontade divina, que justificariam sua posição social, a qual se manteria por toda a sua vida (SANTOMAURO, 2010).

Aristóteles

O filósofo Aristóteles (384 a.C. – 322 a.C.), diferentemente de Sócrates e Platão, buscou explicar a aquisição do conhecimento através dos órgãos dos sentidos.

Este autor rejeitou a relação preexistente das ideias com o espírito. Entendia que tudo que estivesse na inteligência passava pelo crivo inicial do sentir. O conhecimento estaria na realidade exterior e os nossos sentidos o absorveriam.

Aristóteles defendia o **empirismo**.

Sua forma de observar e de experimentar o contexto no qual estava inserido o permitiu construir 2 métodos: o dedutivo e o indutivo.

O método dedutivo se caracteriza em obter uma verdade com base nos conhecimentos inatos.

Estátua de Aristóteles (384 a.C. – 322 a.C.), alocada em Estagira, cidade da Grécia, local onde nasceu o filósofo.

Já o método indutivo se caracteriza pelas observações, experiências e hipóteses construídas a partir do que se é vivenciado.

Uma contribuição importante de Aristóteles para a aprendizagem foi a Teoria de Associação, também conhecida como Lei do Associacionismo, na qual encontramos os princípios de:

a) semelhança – em que duas imagens, por exemplo, geram pontos observáveis que, de alguma forma, se relacionam e se parecem. Por exemplo: cachorro lembra amigo fiel, gato lembra tigre, a escultura de um pensador nos faz lembrar sua obra e sua importância, etc.;

b) contraste – que representa o **contraponto** entre uma lógica proposta. Por exemplo: preto – branco, quente – frio, grande – pequeno, etc.; e

c) contiguidade (no tempo e no espaço) – no qual se reporta uma imagem para outras situações possíveis de associação. Por exemplo: estar em uma sala de aula e associar a espaços semelhantes no ambiente escolar.

Para Aristóteles, o professor seria o detentor do saber e todo processo de aprendizado se daria por meio de cópia e, posteriormente, de memorização (SANTOMAURO, 2010). Colocar em prática os conhecimentos absorvidos, tornando-os habituais, faria com que o aluno aprendesse e memorizasse as instruções.

Santo Agostinho

Santo Agostinho (354 d.C. – 430 d. C.), também conhecido como Agostinho de Hipona, adotou a **introspecção** como método para registrar suas experiências.

Desenvolveu a teoria das faculdades mentais, acreditando que o diálogo e a discussão de ideias eram as melhores formas de o indivíduo aprender.

Para Santo Agostinho, a Educação seria um dos canais pelos quais buscaríamos compreender o mundo que nos cerca, dando significado e verdade às experiências vivenciadas. Por meio da educação, a dúvida também é estimulada, para que haja o desenvolvimento de novos saberes e, consequentemente, o estabelecimento de mudanças.

Estátua de Santo Agostinho (354 d.C. a 430 d. C.), localizada na Catedral de Palermo, Itália.

Santo Tomás De Aquino

O monge dominicano Santo Tomás de Aquino (1225-1274), também conhecido como São Tomás de Aquino, , influenciado por Aristóteles, Platão e Santo Agostinho, considerava que existiam duas verdades. Estas seriam:

a) As verdades científicas – que se baseavam na pesquisa e no experimento; e

b) As verdades religiosas – que se baseavam na autoridade divina.

Estátua de Santo Tomas de Aquino (1225-1274), localizada em Villa Borghese, na cidade de Roma

Para este clérigo, o indivíduo que estava no processo de aprendizagem era o principal agente do conhecimento, utilizando-se do dinamismo como uma ferramenta autoinstrucional.

Santo Tomás de Aquino buscou trazer o pensamento aristotélico para a **doutrina cristã**, enfatizando que, ao mesmo tempo em que a lógica e a racionalidade se distinguem, também convivem em harmonia.

> *ATENÇÃO! O conjunto de doutrinas filosóficas e teológicas de São Tomás de Aquino é chamado de tomismo.*

> *PARA SABER MAIS! Para obter mais informações sobre grandes pensadores que influenciaram a Educação, pesquise na Revista Nova Escola, que se encontra disponível em: <http://revistaescola.abril.com.br/pensadores/>. Acesso em: mar. 2015.*

Na Era Moderna

Neste período, muitos estudiosos, como Francis Bacon (1561-1626), Galileu Galilei (1564-1642), René Descartes (1596-1650) e John Locke (1632-1704) retomaram o método indutivo proposto por Aristóteles.

O método científico passou a ter não só a observação, mas também a experimentação, como medidora e classificadora da experiência vivenciada.

Locke, no século XVII, retomou a ideia aristotélica de que nada podemos reter em nosso conhecimento se o que vivemos não passar, primeiramente, pelos nossos sentidos.

Este pensador acreditava na **relação de transferência** e em generalizar os conhecimentos.

Direta ou indiretamente, as ideias de Locke influenciaram a compreensão do conhecimento psicológico na educação, principalmente na Inglaterra, Alemanha e Estados Unidos da América (CAMPOS, 1983).

O filósofo alemão Johann Friedrich Herbart (1776-1841) desenvolveu seus estudos sofrendo sob a influência das ideias intelectualistas das tradições grega e medieval, nas quais o foco estava em uma educação por meio da instrução.

Johann estabeleceu os passos formais do ensino, que consistiam em cinco etapas:

I) **preparação** – processo inicial em que o educador apresenta um novo conteúdo e busca relacioná-lo a lembranças e/ou conhecimentos que o estudante já tenha adquirido no decorrer da vida. Ao estimular a conexão do conteúdo presente com o saber já conhecido, o docente entende que isso motivará o discente a ter interesse na matéria;

II) **apresentação** – demonstração do conteúdo para o estudante;

III) **associação** – processo no qual o estudante assimila o assunto apresentado e abordado pelo educador. É importante frisar que nesta etapa há as comparações pormenorizadas com conteúdos já conhecidos;

IV) **sistematização** – também conhecida como generalização. Nesta etapa, o conteúdo que foi recentemente conhecido e aprendido gera conceitos globais, propiciando a percepção imediata do fato e/ou fenômeno estudado; e

V) **aplicação** – etapa na qual o estudante coloca em prática tudo o que aprendeu. O objetivo é que o discente veja a utilidade do saber aprendido em seu cotidiano.

Herbart fortaleceu o movimento que foi desencadeado por Johann Heinrich Pestalozzi (1746-1827), no qual a pedagogia, com motivação e entusiasmo, trabalhava com o método intuitivo de ensino, por meio de objetos e lições que levavam o indivíduo à reflexão. (CAMPOS, 1983).

O psicólogo e zoólogo britânico Conwy Lloyd Morgan (1852-1936) é o fundador da Psicologia Comparativa. Formulou a teoria do ensaio-e-erro a partir dos seus estudos sobre a aprendizagem dos animais em ambientes naturais.

O filósofo Herbert Spencer (1820-1903), além de absorver os conceitos de Morgan, introduziu na psicologia os estudos de Charles Robert Darwin (1809-1882), que foram de grande contribuição para as teorias de aprendizagem.

Spencer tem uma expressão bem conhecida, a de que "os mais aptos é que sobrevivem". No entanto, em função das distorções de suas palavras e de seu modo de pensar, acabaram por lhe atribuir o título de "Pai do Darwinismo Social".

Entendemos que a sobrevivência dos mais aptos refere-se, principalmente, ao processo de adaptação ao meio. Quando há a dificuldade de nos ajustarmos ao novo, de alguma forma, somos excluídos.

Darwin desenvolveu a teoria da evolução, explicando que esta acontece a partir da seleção natural e sexual.

Foi a partir de então que os comportamentos passaram a ser compreendidos como base da aprendizagem.

2. Aprendizagem: conceituação e características

O significado de aprendizagem engloba várias teorias que trazem diversos conceitos e definições.

A aprendizagem pode ser conceituada sob duas visões: a funcional e a operacional.

Na visão funcional, o comportamento do indivíduo se modifica estimulado tanto pela motivação conhecida de alguma experiência já vivida, quanto pela dependência dessa vivência anterior, que gera respostas para as situações presentes.

É imprescindível que na visão funcional se reconheçam algumas características:

a) A presença de fatores que interagem dinamicamente e impulsionam o indivíduo a agir diante dos problemas. Um exemplo de fator impulsionador seria a motivação. O experimentar possibilidades faz com que haja aprimoramento do conhecimento;

b) As alterações do ambiente, que fazem com que o indivíduo busque se ajustar tendo, dessa forma, possibilidade de modificar suas reações diante desses estímulos externos; e

c) O comportamento do indivíduo, pois seu modo de agir decorre da prática e da experimentação de novas vivências, que lhe permitem avançar em seu processo de aprendizagem.

Na visão operacional, são necessárias apenas duas características para conceituar a aprendizagem. São elas:

a) A alteração gradativa e contínua dos aspectos comportamentais; e

b) As consequências do comportamento na prática cotidiana e onde o indivíduo está inserido.

Neste sentido, podemos compreender que a aprendizagem altera, de maneira contínua, o comportamento ou a conduta, impactada pelo fazer repetitivo ou pelas vivências, com o intuito de que o indivíduo se adapte ou se ajuste ao contexto que lhe é apresentado (CAMPOS, 1983).

Se analisarmos em sentido amplo, definiremos aprendizagem, a partir das várias contribuições, como um processo:

I) **dinâmico** – o indivíduo aprende porque está envolvido na tarefa, tanto externa como internamente. O estudante, na escola, aprende porque participa de várias atividades que estimulam sua interação consigo, com seus pares (sejam colegas ou professores) e no envolvimento dos recursos que mediam sua instrução.

II) **contínuo** – desde o momento em que temos sopro de vida, já estamos em processo de aprendizagem. Podemos nos sentir acolhidos ou desajustados durante este percurso, e todo o resultado deste trajeto influenciará no desenvolvimento global do indivíduo.

III) **global** – como a aprendizagem envolve aspectos cognitivos, emocionais e sociais, o indivíduo é impactado diariamente por esses fatores de maneira globalizada e dinâmica;

IV) **pessoal** – cada indivíduo tem sua maneira peculiar de aprender. Como seres únicos, captamos e compreendemos o contexto no qual estamos inseridos de uma perspectiva completamente pessoal. Não temos como sentir e aprender pelo outro, aprender é algo intransferível;

V) **gradativo** – a aprendizagem é um processo que envolve estágios diferentes de resolução de problemas. A cada novo conhecimento, novos elementos e informações diferentes são inseridas e isso faz com que o indivíduo renove sua visão de mundo. Em função disso, organizamos conteúdos programáticos nos baseando em níveis de escolaridade, por exemplo; e

VI) **cumulativo** – o que aprendemos se acumula durante nossa vida. Experiências passadas são importantes para os experimentos presentes. Cada ser humano, como ser individual, assimila e acomoda suas vivências aprendendo variadas maneiras de se adequar e se comportar socialmente.

Quanto aos objetivos da aprendizagem, eles podem ser classificados em (HAMZE, s/d):

a) **Domínio cognitivo** – está relacionado a conhecimentos e/ou informações, bem como as habilidades ligadas à memória, à compreensão, à análise, síntese e avaliação;

b) **Domínio afetivo** - está relacionado a sentimentos, emoções, gostos ou atitudes, bem como as habilidades de receptividade, resposta, valorização, organização e caracterização;

c) **Domínio psicomotor** – está relacionado ao uso e à coordenação dos músculos, bem como as habilidades que envolvem os movimentos básicos fundamentais, reflexos perceptivos, físicos e a comunicação corporal.

Aprendizagem e desempenho

Observar o processo de aprendizagem e os mecanismos que o envolvem nem sempre é fácil. Já avançamos bastante nos estudos dos mecanismos cerebrais que compõem o aprender e sua dinâmica no cérebro. No entanto, os estudiosos se mantêm incansáveis no sentido de obter mais respostas para inúmeras perguntas que vão surgindo no decorrer de cada nova descoberta e/ou revisão de conceitos e paradigmas até então vistos como conclusivos.

Aprendizagem e desempenho são conceitos distintos, mas que se comunicam.

O desempenho sofre interferência da **variável** que é a aprendizagem. Mas esta é uma das muitas variáveis que afetam o desempenho do indivíduo (CAMPOS, 1983).

Podemos observar as variáveis que despontam antes, durante e depois do desempenho, as quais podemos chamar de estímulos. No período que antecede o desempenho, podemos observar as reações do indivíduo e medi-las a partir do tempo que gastou em uma ação, que atitudes foram usadas, etc.

No período posterior, o desempenho é a reação imediata às situações colocadas para o indivíduo, quando se pode identificar probabilidades que justifiquem as ações pontuadas.

Para que a aprendizagem ocorra, é necessário que existam situações de conflitos ou problemas para que o indivíduo reaja diante deles e se sinta impulsionado a resolvê-los.

O buscar das respostas e/ou das soluções é o que gera no indivíduo o movimento de trazer à tona recursos cognitivos, físicos, emocionais, afetivos, etc., a fim de que as suas reações não sejam apenas fórmulas comportamentais pré-estabelecidas, mas, sim, algo que lhe seja peculiar, lhe traga ajustamento, bem estar consigo e com o contexto no qual está inserido.

A importância da motivação na aprendizagem

Um dos pré-requisitos mais importantes no ambiente escolar e no processo de aprendizagem, sem dúvida alguma, é a motivação.

Os motivos fazem parte de um sistema dinâmico do processo de escolarização.

O estudante não se sentir motivado para aprender e/ou o professor não estar motivado para ensinar e mediar o processo de assimilação e compreensão de conteúdos e informações faz com que estar na escola seja um processo doloroso para ambos.

Os alunos têm a falta de motivação como um grande impasse para compreender e aprender os conteúdos escolares (RIBEIRO, 2001).

Estar motivado gera interesse, atenção, atividade produtiva e compartilhamento de ideias, entre outras atitudes que fazem com que o indivíduo sinta-se incluído e pertinente ao grupo. Por outro lado, a falta de motivação causa problemas de disciplina, falha na comunicação, tensões em várias instâncias escolares, cansaço, etc., que produzem resultados frustrantes e insatisfatórios para todos os atores do cenário escolar.

A palavra motivo origina-se do latim "*movere, motum*", que tem por significado aquilo que faz mover.

Neste sentido, a palavra motivar poderia ser definida como aquilo que provoca, que desencadeia algum tipo de movimentação e/ou atividade no indivíduo que lhe gera satisfação interna e externa.

O motivo está relacionado às necessidades, desejos, valores, interesses, etc., que já existem dentro do indivíduo, que, por sua vez, busca uma ação e/ou comportamento que alcance seu objetivo e que satisfaça a razão que desencadeou sua forma de agir nesta ou naquela direção.

Em função da diversidade e da tamanha complexidade que envolvem os motivos humanos, tem-se buscado grandemente levantar respostas através de estudos e teorias sobre o assunto.

Cada teoria que surge, de maneira peculiar, busca explicar de que forma o comportamento humano é direcionado e estimulado para esse ou aquele interesse.

Alguns estudos clássicos costumam definir a motivação na aprendizagem como um sentimento voltado para o incentivo. No entanto, quando abordamos a questão da motivação escolar, entendemos que é uma área que nos possibilita observar atitudes, construir explicações, bem como previsões, que nos ajudam a orientar os discentes em seu caminhar no ambiente de aprendizagem educacional.

O estudante ser bem sucedido ou não tem relação direta com seu fator motivacional.

Tipos de motivação

A motivação pode ser intrínseca ou extrínseca.

Na motivação intrínseca:

a) o controle das atitudes e ações depende unicamente do indivíduo, pois serão seus interesses e disposições internas que o direcionarão a realizar seu desejo;

b) o estudante, ao realizar suas atividades acadêmicas, busca desenvolver e aprimorar suas competências;

c) cabe ao docente indicar aos estudantes os pontos-chaves e significativos do conteúdo que apresenta, para que assim, o discente se sinta despertado a se dedicar ao assunto proposto (CAMPOS, 1983).

Motivações internas

Na motivação extrínseca:

a) o controle das atitudes do indivíduo tem relação direta com a influência do meio onde está inserido, bem como com suas disposições internas;

b) deve haver algum tipo de alicerce (tais como: tendências, necessidades, desejos, interesses, impulsos, etc.), que poderá ser utilizado pelos educadores para garantir a eficiência no processo de aprendizagem.

A motivação pode produzir efeito positivo ou negativo no estudante.

A motivação positiva não afeta desfavoravelmente a personalidade do indivíduo. Pelo contrário: a sua autoestima e o seu envolvimento nas atividades que está executando permitem que estas transcorram com maior comprometimento e melhores resultados. Quando o estudante é elogiado pelo seu empenho em alguma tarefa, isso o motiva a avançar e aprimorar seu resultado.

A motivação negativa, por sua vez, afeta o processo de aprendizagem e influencia, diretamente, as atitudes do indivíduo, levando-o a sentir-se inseguro, com alterações em seu humor, comportamento e autoestima.

A figura do educador precisa refletir sua motivação, para que assim seus alunos o vejam como modelo de pessoa com atitude motivada e seja uma inspiração para eles (BORUCHOVITCH, 2009).

O docente é uma peça-chave para ajudar seus alunos a redirecionarem seu foco de aprendizagem e a se sentirem motivados a investir e descobrir suas possibilidades no processo de conhecimento, tanto acadêmico quanto pessoal.

Dessa forma, quanto mais houver diversidade dos processos pedagógicos, maiores serão as possibilidades de promover a motivação dos estudantes.

Nesta direção, precisamos compreender com o que os motivos estão relacionados e de que forma podemos utilizá-los como referencial para motivar os estudantes no processo de aprendizagem.

Existem vários critérios pelos quais podemos classificar os motivos. A seguir indicamos alguns deles e com o que os motivos estão relacionados (CAMPOS, 1983):

I) Motivos relacionados à origem e ou às fontes:

- Motivos primários ou biológicos – por exemplo: sono, fome, etc.
- Motivos secundários que foram adquiridos pelo processo de aprendizagem – por exemplo: medo de raios e trovões, desejo de ser aceito no grupo social, etc.

II) Motivos relacionados à natureza:

- Motivos biológicos – por exemplo: sede, sexo, etc.
- Motivos psicológicos – por exemplo: raiva, medo, alegria, etc.
- Motivos sociais – por exemplo: desejo de se sentir parte de um grupo social, de auto afirmar-se no contexto social, de liderança, etc.

III) Motivos relacionados ao nível de origem psíquica: –

- Motivos inconscientes – que se manifestam, por exemplo, através de atos falhos, hipnose, etc.
- Motivos conscientes ou racionais: como, por exemplo, lembranças e ações intencionais.

IV) Motivos relacionados aos objetivos:

- Motivos de deficiência – que objetivam que o indivíduo se sinta seguro e consiga sobreviver.
- Motivos de excesso – que objetivam que o indivíduo se sinta estimulado e satisfeito.

V) Motivos relacionados à duração:

- Motivos superficiais, transitórios, incidentais – o indivíduo fica condicionado em sua atitude e conduta apenas por algum tempo e esses comportamentos não afetam profundamente sua personalidade.
- Motivos permanentes, profundos e intensos – são intimamente ligados à personalidade do indivíduo, se mantém e o orientam durante toda a sua vida.

VI) Motivos relacionados à intensidade:

- Motivos intensos e violentos – aqueles que se apresentam carregados de forte peso emocional.
- Motivos frios e calculados – esses não apresentam uma carga emocional tão forte, mas ficam evidenciados com sistematização e persistência.

Existem alguns fatores principais que motivam e influenciam a aprendizagem do indivíduo na escola, tais como (CAMPOS, 1983):

a) O educador ter conhecimento e acesso a informações que se relacionam com o estudante - Neste sentido, o docente terá dados para traçar um diagnóstico inicial. A partir do conhecimento, por exemplo, de idade, sexo, condições socioculturais, etc., terá condições de buscar e desenvolver recursos motivacionais para que seus discentes se envolvam com o processo acadêmico.

b) A personalidade do docente - A maneira como o educador expressa seus pensamentos e posicionamentos, como se apresenta visualmente, sua naturalidade, seu humor e tantos outros adjetivos que poderíamos aqui citar, contribuem significativamente para que o estudante se motive e se inspire para a aprendizagem.

c) O material pedagógico e os recursos utilizados durante as aulas - Hoje temos vários recursos, além dos tecnológicos, para estimular os estudantes no processo de aprendizagem. Os recursos audiovisuais permitem maior interação com o conteúdo apresentando, além de possibilitar que discentes portadores de necessidades educativas especiais se sintam contemplados e inseridos no contexto do processo acadêmico.

d) Metodologia empregada - a maneira de ensinar faz com que o estudante tenha acesso ao conteúdo por vários caminhos. O docente pode investir em jogos, excursões, grupos de trabalho, experiências laboratoriais, projetos, feiras, etc. A diversidade dos métodos aplicados possibilitará que os discentes sejam respeitados em suas diferenças individuais e na sua forma única de compreender e absorver os conteúdos propostos. É essencial compreendermos que o educador é um mediador no processo de aprendizagem e que através do conhecimento o indivíduo tem condições de promover mudanças, tanto no contexto particular quanto no social e compartilhado.

As diferenças individuais no processo de aprendizagem

No ambiente escolar nos deparamos com diversos universos que interagem diariamente de forma dinâmica.

Cada estudante é um ser único, rico em experiências vividas e com amplitude para avançar no descobrir a si mesmo e ao mundo em que está inserido.

Em nossas escolas, por muitas vezes, nos esbarramos no equívoco de buscar a igualdade, tanto de projetos, quanto de características dos discentes, gerando um conceito generalizado dos estudantes, desqualificando suas particularidades. Com isso, limitamos o seu mundo e nossa forma de interagir com este ser humano, que poderia superar seus impasses e nos mostrar caminhos interessantes de construir o conhecimento.

Quando falamos de diferenças individuais, muitas vezes, quase que inevitavelmente, focamos apenas nos alunos que apresentam necessidades educativas especiais.

No entanto, os bancos escolares estão cheios de alunos com diferenças significativas que, nem sempre, se manifestam apenas em alguém que apresenta um diagnóstico médico.

Somos distintos em nossa forma de pensar, em nossa forma de interagir, em nossa forma de aprender, em nossa forma física, em nossas atitudes, em nossa fala, enfim, poderíamos enumerar muitas outras características. Nossa diversidade é que nos faz especiais! Da mesma maneira que os alunos diferem entre si, os educadores também diferem de seus pares.

Independentemente da posição que ocupamos, somos diferentes uns dos outros.

Somos diferentes em termos de produtividade, habilidades, liderança, necessidades, comprometimento, nível de autoestima, etc.

As diferenças individuais podem ser consideradas:

a) Do indivíduo para com ele mesmo – na qual se observa uma etapa de desenvolvimento de uma pessoa, e a compara a outras etapas do seu próprio desenvolvimento, por meio de fatores ligados, como, por exemplo, as etapas de escolaridade;

b) Do indivíduo em relação aos outros – a escola busca conhecer cada aluno, suas interações com o meio em que está inserido, suas características de aprendizagem no contexto grupal, etc.

Nas próximas unidades serão apresentadas algumas teorias que abordam a questão da aprendizagem em sua dimensão cognitiva, afetiva e social.

É importante ressaltar que, no decorrer dos séculos, os estudiosos têm buscado compreender como o ser humano constrói suas relações no sentido mais amplo da palavra.

As variadas teorias refletem as diferentes percepções, interpretações da realidade e comportamentos a partir do dado real do momento investigativo.

Também consideram as especificidades de cada indivíduo e procuram elaborar conceitos que sejam elucidativos sobre a natureza do aprender humano.

Glossário – Unidade 1

Contraponto – apresentação de uma nova ideia e/ou conhecimento em oposição à primeira ideia e/ou conhecimento apresentados.

Doutrina cristã – forma de pensar e/ou agir onde a figura de Jesus Cristo e a Bíblia são o centro do conhecimento. Cristã vem de Cristianismo que, por sua vez, vem da palavra Cristo.

Empirismo – teoria filosófica que se baseia na experiência em captar o mundo com os órgãos dos sentidos. O conhecimento emergiria a partir da experimentação sensorial.

Inatismo – teoria que defende que os conhecimentos e saberes nascem com o homem, sem necessidade da experiência ou da aprendizagem.

Introspecção – indivíduo voltado para seu mundo interior. Característica daquele que busca conhecer e analisar seus desejos, valores, experiências etc., direcionando para o autoconhecimento e reposicionamento de atitudes, conceitos e comportamentos.

Maiêutica – terminologia criada pelo filósofo Sócrates que tem como referência o ponto de partida das ideias onde o homem busca dentro de si a verdade para, assim, transformar seu mundo interior e exterior.

Postulados – ideias construídas a partir da experiência e da observação vividas pelo indivíduo.

Relação de transferência – se dá quando na relação entre professor e aluno ambos fazem trocas, conscientes e/ou inconscientes, de saberes e/ou comportamentos que geram processos de aprendizagem, tanto pessoal quanto coletivamente.

Reminiscência – tem referência com a memória passada, com o que está retido na memória, mas que volta à tona como lembrança vaga e distante.

Variável – é algum tipo de qualidade que pode ou não ser medida onde se observam as alterações qualitativas e quantitativas do objeto estudado.

UNIDADE 2
APRENDIZAGEM COGNITIVA

Capítulo 1 Introdução às ideias de Jean Piaget e os estágios de desenvolvimento cognitivo, 28

Capítulo 2 A abordagem clínica de Jean Piaget, 28

Capítulo 3 Cognição e afetividade na construção do conhecimento, 35

Capítulo 4 Construtivismo, 39

Glossário, 43

1. Introdução às ideias de Jean Piaget e os estágios de desenvolvimento cognitivo

O psicólogo e **epistemólogo** suíço Jean Piaget (1896-1980) foi pioneiro nos estudos sobre a inteligência e o pensamento lógico-matemático. Seus estudos impactaram ciências como a Psicologia e a Pedagogia.

No entanto, é interessante saber que Piaget nunca exerceu a profissão de educador e seus escritos sobre educação são uma porcentagem bem pequena na totalidade de sua obra (MUNARI, 2010).

Seu interesse era pesquisar e entender de que forma e quais mecanismos mentais o indivíduo utilizava para compreender o mundo, investigando, neste sentido, como se processaria a construção do conhecimento.

> *PARA SABER MAIS! O primeiro trabalho publicado de Piaget teve o seu primeiro trabalho publicado aos onze anos de idade, sobre sua observação de um pardal albino.*

Piaget ficou conhecido no Brasil na década de 60. No entanto, algo que chama a atenção é o fato de algumas escolas maternais ou jardins de infância aplicarem seus ensinamentos com o Método Piaget.

Utilizar os conhecimentos piagetianos sobre suas observações e conclusões a respeito de cada **estágio evolutivo** que envolve faixas etárias é válido. Entretanto, uma das críticas é o fato de os educadores, sem aprofundamento sobre a teoria de Piaget, tentarem elaborar conteúdos programáticos a partir desses dados que envolvem as etapas de desenvolvimento (RAPPAPORT; FIORI; DAVIS, 1981).

É essencial que haja aprofundamento da teoria piagetiana, a fim de que não ocorram equívocos e inadequações.

2. A abordagem clínica de Jean Piaget

Piaget foi influenciado por várias ciências e estudiosos. Porém, foi seu convívio no laboratório do famoso pedagogo e psicólogo infantil Alfred Binet que proporcionou uma nova perspectiva no desenvolvimento de seus estudos.

Binet desenvolvia testes padronizados de inteligência para crianças e buscava, assim, analisar as diferenças individuais, bem como a relação destas com as questões que envolviam os aspectos genéticos. Ele foi o criador do conceito de idade mental, tendo criado a base para avaliar o quociente intelectual (QI).

A partir do seu trabalho no laboratório de Binet é que Piaget iniciou suas pesquisas sobre habilidades cognitivas e suas experimentações sobre o funcionamento da mente humana. Chegou à conclusão de que o desenvolvimento do pensamento lógico ocorreria gradativamente e, com isso, abandonou a ideia de avaliar níveis de inteligência usando testes padronizados.

Piaget passou a adotar o método clínico para observar a evolução do pensar infantil e, assim, compreender a expressão da inteligência da criança (ROSA, 1985).

O método clínico permitia que Piaget acompanhasse o processamento do pensamento infantil, sem interferir de maneira muito significativa.

Piaget propunha que a biologia poderia ser um dos fundamentos para uma Psicologia voltada para questões problematizadas da **Epistemologia**. Essas visões fizeram com que a inteligência humana fosse vista como uma necessidade de adaptação do organismo às perspectivas propostas pelo ambiente no qual o indivíduo estaria inserido (ROSA, 1985).

E foi nesta direção que Piaget foi construindo seu trabalho e o expandindo.

> *ATENÇÃO! Quando Piaget fala sobre ambiente, ele inclui relacionamento humano, bem como aspectos físicos e sociais.*

Os conceitos fundamentais da teoria cognitiva piagetiana são:

a) **hereditariedade** - relaciona-se com a série de estruturas **neurossensoriais** que o indivíduo herda e que o predispõe ao surgimento e desenvolvimento de certas estruturas mentais. Piaget acreditava que o organismo amadurece a partir da relação que estabelece com o meio ambiente.

A partir da interação entre organismo-meio ambiente é que o indivíduo desenvolveria determinadas estruturas cognitivas que funcionariam por toda sua existência. Este funcionamento faz parte da herança biológica do indivíduo (FLAVELL, 1975);

b) **esquema** - esta é a unidade que estrutura o desenvolvimento cognitivo e que pode funcionar em vários contextos, se relacionando com diferentes objetos. Possui uma sequência bem organizada e definida de ações, tanto mentais, quanto físicas. Neste sentido, esquemas podem ser definidos como estruturas cognitivas de adaptação que geram a permissão para que ações sejam coordenadas para algum objetivo específico, nos quais estão presentes diferentes condutas e condições (ROSA, 1985);

c) **adaptação** - o ambiente social e físico desafia, continuamente, a criança a romper com o equilíbrio do seu organismo, no intuito de levá-la a buscar comportamentos mais adaptados. Para Piaget, é intensa a dinâmica entre meio e indivíduo, assim como é marcante a busca constante de um estado de equilíbrio, tanto biológico quanto mental.

Dentro da adaptação, estão dois processos complementares, a assimilação e acomodação, que estão presentes durante toda a vida do indivíduo e permitem que o estado intelectual fique adaptado.

- **assimilação** – é um processo no qual novos conceitos e objetivos são incorporados aos esquemas já existentes. É a tentativa de o indivíduo solucionar situações recorrendo a uma estrutura mental que já é conhecida e a de incorporar novos elementos e/ou conceitos a um sistema organizado (RAPPAPORT; FIORI; DAVIS, 1981);
- **acomodação** – acontece quando novos conhecimentos e experiências modificam os esquemas. São as estruturas antigas sendo modificadas a partir da visão de que um novo problema precisa ser resolvido e há a necessidade de ajustamento;

d) **equilíbrio ou processo de equilibração** – é o que resulta da tensão entre acomodação e assimilação. O processo conflituoso que existe entre as antigas respostas para novas situações gera novas respostas que precisam ser adaptadas ao organismo para que assim, ao estar diante de novos problemas, o indivíduo tenha condições de estar em equilíbrio; e

e) **operação** – esta representa o elemento essencial do processo do desenvolvimento cognitivo, pois se caracteriza pela **reversibilidade**. Toda operação apresenta um contrário lógico.

Piaget, em seus estudos, dividiu em quatro períodos, ou estágios, o desenvolvimento humano: sensório-motor; pré-operatório; operações concretas e operações formais. O intuito da divisão em períodos é a observação na mudança da qualidade do pensamento, que interfere diretamente no desenvolvimento global do indivíduo. Os períodos são sequenciais e não há saltos em relação a cada um deles.

Cada pessoa, no limite de cada período, consegue fazer o que pode dentro do seu melhor, mas no campo da faixa etária proposta. As faixas etárias indicadas por Piaget, no entanto, são apenas uma referência, tendo em vista que fatores biológicos, sociais e educacionais podem influenciar o indivíduo no avançar, ou não, dos períodos de desenvolvimento cognitivo humano.

Período sensório-motor

O período sensório-motor é também chamado de estágio da inteligência prática. A faixa etária característica é de 0 a 2 anos de idade.

Caracteriza-se pelas atividades reflexas. Através da percepção e dos movimentos, a criança interage com o universo que a cerca. De acordo com a aprendizagem e adaptação do que ocorre dentro de cada período, podem ocorrer diferenciadas fases.

Vale ressaltar que Piaget dividiu o período sensório-motor em seis subestágios, que são caracterizados pelas seguintes faixas etárias:

- 1º subestágio – do nascimento até aproximadamente um mês e meio de vida;
- 2º subestágio – de um mês e meio de vida até os quatro meses;
- 3º subestágio – dos quatro meses até os oito meses;
- 4º subestágio – de aproximadamente oito meses até um ano de idade;
- 5º subestágio – acontece entre 1 ano e 1 ano e meio de idade;
- 6º subestágio – de 1 ano e meio a 2 anos de idade.

No primeiro mês de vida, o bebê apresenta atividades reflexas, denominadas por Piaget como "esquemas inatos".

Já nos primeiros quatro meses de vida, o reflexo de sugar e de observar o mundo é uma das aprendizagens mais significativas.

Dos quatro até os oito meses, a criança passa por uma etapa de adaptação intencional na qual todo seu comportamento fica direcionado e organizado para determinado fim específico.

O desenvolvimento físico (ósseo, muscular e neurológico), garante o aparecimento de novas capacidades, utilizando, desta forma, a inteligência prática ou sensório-motora, que envolve tanto as percepções, quanto os movimentos.

No início do período sensório-motor, a criança se vê como a continuação dos objetos, seu mundo é voltado para a referência de si para si. É como se a criança e o objeto fossem a mesma coisa.

Já no final do período, a criança consegue perceber que, independentemente do objeto estar perto dela, ele continuará a existir e que ela poderá, ou não, interagir com ele. Isso acontece porque a evolução de sua inteligência a permite se ver apenas como um elemento no contexto dos objetos.

A diferenciação entre a criança e o objeto acontece também no campo afetivo. No início ela reage ao ouvir, por exemplo, o som do objeto. No final, ela já faz sua escolha afetiva do objeto demonstrando preferências, tanto por brinquedos, como pessoas, objetos, etc. (BOCK; FURTADO; TEIXEIRA, 1997).

No período sensório-motor, a afetividade é observada através da preferência que a criança manifesta em relação a objetos, brinquedos, pessoas etc.

Por volta dos 2 anos de idade, a criança interage com o ambiente, utilizando a imitação de regras. Embora compreenda algumas frases e comandos, só faz a fala imitativa.

Período pré-operatório

Este período também é chamado de estágio da inteligência simbólica. A faixa etária característica deste período é de 2 a 7 anos de idade.

O pensamento é caracterizado pelo **egocentrismo** e pela irreversibilidade. Na irreversibilidade, a criança demonstra o que pensa, mas não estabelece a reflexão sobre seu pensamento. Nesta fase, a criança ainda tem a prevalência do seu mundo interno sobre as relações de troca com seus pares (BOCK; FURTADO; TEIXEIRA, 1997). A criança consegue lidar com os dados da realidade também de forma simbólica (ROSA, 1985).

O desenvolvimento da linguagem se processa colaborando na transformação da criança em sua visão de mundo, e ela consegue, a partir dessa elaboração, avaliar as situações, inclusive na perspectiva do outro.

A linguagem trará modificações, também, nos aspectos intelectuais, afetivos e sociais da criança. Linguagem e pensamento se processam em conjunto de maneira dinâmica e clara.

No início do período pré-operatório, a criança busca transformar seu mundo real através de seus desejos e fantasias, estabelecendo assim, um verdadeiro jogo simbólico.

Ao final dessa fase, a criança passa a externalizar seu mundo interior e a explicar sua relação com o mundo real. O pensamento fica evidenciado por estar mais adaptado ao mundo real e ao outro (BOCK; FURTADO; TEIXEIRA, 1997). Nesta etapa, a criança já consegue desenvolver habilidades que envolvam movimentos mais leves e minuciosos, como a coordenação motora fina.

No período pré-operatório surgem os **sentimentos interindividuais**. A criança, ao ver outro indivíduo que considera superior a ela, o enxerga como referência significativa de padrões morais e de respeito. Por exemplo, a relação com os pais, professores, etc.

Neste momento, a criança entende que, nas brincadeiras, as regras não são passíveis de mudanças, e que são determinadas externamente. Posteriormente, começa a compreender que as regras são estabelecidas com o grupo, para que a brincadeira aconteça de forma organizada e justa para todos. O interesse por atividades diferenciadas e por objetos diversos, no período pré-operatório, torna-se mais estabilizado. Seu interesse mais estável faz com que a criança adquira sua própria escala de valores, avaliando suas escolhas e atitudes (BOCK; FURTADO; TEIXEIRA, 1997).

Período das Operações Concretas

A faixa etária característica deste período é de 7 aos 11/12 anos de idade.

A criança já consegue fazer várias operações mentais, o que a permite construir logicamente as relações e observar as situações a partir de vários pontos de vista. Ela integra e coordena diferentes maneiras de olhar uma mesma situação dentro de uma visão lógica e coerente (BOCK; FURTADO; TEIXEIRA, 1997). Neste estágio, ela adquire o esquema de conservação (ROSA, 1985). As noções de comprimento e quantidade surgem no início deste período.

Por volta dos 9 anos de idade, aprende noção de conservação de peso. No final dessa fase, aprende a noção de conservação de volume. A partir de então, a criança compreende, por exemplo, que se ela tiver uma determinada quantidade de objetos e, se nada lhe for acrescido ou subtraído, não haverá alteração do número indicado inicialmente.

Consegue realizar, também, ações físicas e mentais dirigidas para determinado objetivo e retornar ao ponto de partida, como em um jogo de quebra-cabeças próprio para sua faixa etária. Pode, ao montá-lo, identificar no meio do jogo peças colocadas erroneamente, retirá-las e reiniciar a montagem do quebra-cabeças para integrá-lo adequadamente.

No que diz respeito ao pensamento, a criança no período das operações concretas consegue:
- estabelecer uma sequência de ideias ou acontecimentos;
- fazer, ao mesmo tempo, o paralelo entre duas ideias de pontos de vista diferentes;
- estabelecer relações de causa, efeito, meio e fim de forma correta; e
- formar o conceito de número, tendo em vista que no período anterior, necessita do objeto concreto para conseguir fazê-lo.

Na fase das operações concretas, o indivíduo, em seu aspecto afetivo, é capaz de cooperar mais com seus pares, desenvolver atividades grupais e, ao mesmo tempo, manter sua autonomia.

A vontade é uma característica importante neste período, pois determina como lidar com as situações nas quais o dever e o prazer, por exemplo, emergem no contexto no qual o indivíduo está inserido e interagindo.

A autonomia em relação ao adulto é crescente nessa faixa etária. O grupo de amigos passa a satisfazer muitas das necessidades de segurança e afeto e os valores morais são constantemente revistos. O fato de o indivíduo pertencer a um grupo o faz sentir-se fortificado em sua autoestima e perceber que é capaz de reformular as antigas regras de convivência e de relacionamento.

Período das operações formais

A faixa etária característica deste período é a partir dos 11 ou 12 anos de idade.

Esta fase representa o modelo perfeito do evoluir da cognição humana, no qual o pensamento **proposicional** é uma das características (ROSA, 1985).

O caráter simbólico é um aspecto fundamental neste período de operação intelectual. O indivíduo consegue, nesta etapa, pensar de forma abstrata, simbólica e proposicional. Consegue elaborar conclusões a partir de puras hipóteses.

Normalmente, o indivíduo se apresenta apto a lidar com conceitos e com indicativos da realidade, tendo em vista que, neste período, sua intelectualidade está em estágio mais avançado (ROSA, 1985).

O adolescente consegue identificar que suas reflexões são um dos recursos para interpretar sua experiência e suas relações com o mundo real onde está inserido.

Nas relações sociais, esta etapa é caracterizada por certa **interiorização** e comportamentos, aparentemente, antissociais (BOCK; FURTADO; TEIXEIRA, 1997).

Com o decorrer dos anos, o indivíduo consegue atingir o equilíbrio entre o pensamento e a realidade.

No período das operações formais, o adolescente se vê diante do desafio de desejar sua autonomia, principalmente dos pais, embora ainda dependa deles. Ele enxerga desafios ao lidar tanto com seus colegas, quanto com os adultos que o cercam. Deseja a aceitação do grupo e, para isso, busca identificar-se na sociedade, através de um vocabulário específico, vestimentas e aspectos de comportamento que evidenciem quais são suas parcerias, etc.

Os adolescentes possuem muitos interesses e suas escolhas mudam de forma dinâmica. A estabilidade das ações se aproxima com a chegada da fase adulta. Piaget defendia a existência de uma certa semelhança entre o desenvolvimento do pensamento matemático e do intelecto infantil.

3. Cognição e afetividade na construção do conhecimento

Piaget pouco escreveu sobre afetividade e esse tema não é habitualmente associado aos estudos e interesses deste autor. Ele demonstrava interesse maior pela estruturação do pensamento e pela sua **gênese**, que estava nas ações dos primeiros dois anos de idade (SOUZA, 2003).

Apesar da afetividade não ser diretamente um tema focal de suas pesquisas, ainda assim não desconsiderou essa dimensão do ser humano e a viu como importante para o estudo da cognição e do desenvolvimento psicológico do indivíduo.

A partir da ideia de que toda conduta possui aspecto afetivo ou energético e aspecto cognitivo ou estrutural, Piaget propôs que não houvesse a divisão do estudo de cada um dos elementos. O autor entendia que o aspecto afetivo ou energético estaria voltado para as condutas que se relacionariam com as pessoas, enquanto que o aspecto cognitivo ou estrutural, às condutas direcionadas para os objetos (SOUZA, 2003).

No entanto, seja qual for a atitude adotada pelo indivíduo, ela sempre estará permeada pela inteligência, afetividade e interação dinâmica entre ambas. A teoria piagetiana rompe com a relação dicotomizada entre inteligência e afetividade, unificando essas duas dimensões. Seriam as construções cognitivas, afetivas e sociais, que acontecem durante toda a vida do indivíduo, que explicariam a questão da gênese da moral.

> *ATENÇÃO! A gênese da moral se relaciona a como a criança constrói suas escalas de valores, ideais e sentimentos morais.*

Piaget defendia que o processo evolutivo da inteligência permite, sempre dentro da área moral, organizar o universo afetivo. No entanto, a recíproca não seria verdadeira.

A questão de como a afetividade tornaria, na prática, o respeito mútuo possível, foi um dos entraves quando Piaget desenvolveu seu método voltado para o estudo do juízo moral.

Para Piaget, a afetividade não ficava somente voltada para as emoções e para os sentimentos. Envolvia, também, as tendências e as vontades da criança.

A afetividade visa à adaptação, assim como toda conduta, e é fator fundamental na socialização. O desequilíbrio da afetividade evidencia que há uma impressão particularizada e a tomada de consciência de que existe uma necessidade.

Em cada nível de desenvolvimento, observamos que há um equilíbrio progressivo e, neste sentido, se faz necessário que a afetividade e a inteligência sejam estudadas no processo de desenvolvimento do indivíduo.

É importante definir, dentro do processo de desenvolvimento psicológico, os papéis de cada um, tanto do que é afetivo quanto do que é cognitivo. No entanto, vale ressaltar que não é possível ter uma psicologia da afetividade e uma psicologia da inteligência para explicar comportamentos, tendo em vista que afeto e cognição apresentam relações totalmente associadas e integradas no desenvolvimento psicológico de cada indivíduo.

PARA SABER MAIS! A primeira conferência de Piaget, abordando as questões que permeavam a afetividade, aconteceu em 1919, e nessa ocasião ele tinha apenas 23 anos de idade. Sua última conferência sobre o assunto aconteceu em 1971, quando Piaget tinha 75 anos de idade.

Piaget foi um estudioso que ampliou seus conhecimentos a partir, também, de pesquisas de outros teóricos. Autores como Sigmund Schlomo Freud (1856-1939), Alfred Adler (1870-1937), Édouard Claparède (1873-1940), Pierre-Marie-Félix Janet (1859-1947), Pierre Bovet (1878-1965) e Kurt Lewin (1890-1947) são alguns dos quais Piaget menciona em seus apontamentos e identifica como estudiosos que influenciaram o repensar de seu trabalho e contribuíram em seus estudos. Vale ressaltar que Piaget, ao construir suas considerações sobre as relações existentes entre a afetividade e a inteligência no contexto do desenvolvimento psicológico, inspirou-se em três teorias. São elas:

a) a de Pierre Janet – teoria sobre a ação primária e a ação secundária;

b) a de Édouard Claparède – teoria do interesse; e

c) e a de Kurt Lewin – teoria da forma.

A seguir apontaremos de que forma Piaget absorveu os estudos dos teóricos acima citados.

Sigmund Schlomo Freud

Piaget leu os textos de Freud em alemão e foi membro da Sociedade Suíça de Psicanálise. Suas reservas teóricas relacionadas à psicanálise ficaram direcionadas para a análise dos sonhos e para o conceito de inconsciente.

Na conferência de 1919, Piaget deixou claro que a teoria psicanalítica, bem como seus métodos, permitiriam o estudo do desenvolvimento inconsciente, enquanto que os métodos voltados para as medidas cognitivas permitiriam estudar a evolução do desenvolvimento mental. (SOUZA, 2003)

Alfred Adler

Piaget se identificava com este autor no que se refere ao entendimento de que a vontade de crescimento seria a mola propulsora do desenvolvimento humano. Ambos questionavam o argumento de que toda energia seria sexual.

Édouard Claparède

Quando Piaget abordou a função da afetividade e da inteligência nas condutas, retomando a ideia de que toda conduta direcionava-se a uma adaptação e que o desequilíbrio gerava a consciência de uma necessidade, ele tomou para si a mesma conceituação defendida por Claparède. Este autor explicou a evolução psicológica a partir da terminologia de equilíbrio e desequilíbrio, com base no destaque das concepções de necessidade e satisfação (SOUZA, 2003).

Piaget criticava a estrutura proposta na teoria do interesse desenvolvida por Claparède, considerando-a muito simplista.

A referida teoria compreendia que toda conduta possuía dois elementos:

a) uma meta ou finalidade – definida pela afetividade; e

b) uma técnica – determinada pelas funções cognitivas.

Piaget compreendia que a afetividade não conseguiria por si só sustentar a meta, sendo para isso necessária a intervenção das funções cognitivas. No entanto, acreditava que era essencial destacar essa distinção entre aspectos afetivos e cognitivos.

Pierre Bovet

Piaget concordava com Pierre Bovet sobre o início do desenvolvimento moral da criança, quando os sentimentos de amor, medo e sagrado inspiravam o respeito às regras morais (LA TAILLE, 1992).

Para Bovet, existia apenas uma moral e um mesmo afeto decorrente dela. Já para Piaget, existiam duas morais:

a) a que identifica os afetos básicos como, por exemplo, medo e amor; e

b) a que se relaciona com a noção de necessidade, produto natural da razão.

Pierre-Marie-Félix Janet

Esse autor defendia que toda conduta supunha a existência de dois tipos de ações. São elas:

a) ação primária – que se organiza cognitivamente e se refere ao que tem relação entre o indivíduo e os objetos do mundo exterior que o cercam (pode ser tanto pessoas quanto objetos); e

b) ação secundária – sua regulação é afetiva e se refere à relação do indivíduo com as suas ações.

Piaget se opunha a essa divisão entre ação primária e ação secundária, tendo em vista que, em ambas, existem os aspectos cognitivos e afetivos. (SOUZA, 2003)

Kurt Lewin

Piaget se apoiou na teoria de campo total de Lewin para afirmar que a afetividade e a inteligência são de naturezas diferentes.

Neste sentido, defendeu que a energética que envolve a conduta vem da afetividade e as estruturas, tanto perceptivas quanto intelectuais, vêm das funções cognitivas (SOUZA, 2003).

Para Piaget, a interferência de sentimentos que envolvem o fracasso e o sucesso causa efeito no ritmo em que o indivíduo aprende. O campo total, simultaneamente, abrange o indivíduo, os objetos e as relações que são desenvolvidas entre sujeitos e objetos.

> *PARA SABER MAIS! No livro "Jean Piaget", de autoria de Alberto Munari, nas páginas de 143 a 154, é possível conhecer as produções publicadas de/sobre Piaget, bem como as suas obras que foram traduzidas para a Língua Portuguesa até 2010. Este livro faz parte da Coleção Educadores, publicada pelo MEC em parceria com a UNESCO e a Fundação Joaquim Nabuco – e está no site Domínio Público. Disponível em: <http://www.dominiopublico.gov.br/download/texto/me4676.pdf>. Acesso em: mar. 2015.*

De um ponto de vista generalizado, a evolução da afetividade, segundo Piaget, partiria de sentimentos instintivos que corresponderiam:

a) às montagens hereditárias – por exemplo, os reflexos;

b) aos sentimentos interindividuais – como as simpatias e antipatias;

c) aos sentimentos seminormativos – que estão relacionados às construções representacionais;

d) aos sentimentos normativos – que pertencem a uma escala de valores; e

e) ao sistema mais amplo – que tem correspondência com o sistema operatório e é referenciado pela inteligência.

Essa relação afeto-cognição propicia que o desenvolvimento global da criança seja favorecido, bem como possibilita que o indivíduo tenha um maior equilíbrio consigo e com suas relações, além de uma maior estabilidade social, afetiva, moral e intelectual (PESSOA, 2000).

É importante que o educador tenha a clareza do quão crucial é a afetividade na relação de interatividade com seus discentes, bem como na construção do processo de conhecimento.

4. Construtivismo

No Brasil, o pensamento construtivista surgiu a partir da década de setenta, inspirado pela teoria de Jean Piaget.

Como já abordado anteriormente, Piaget, ao elaborar sua teoria e desenvolver seus estudos, não teve o propósito de que seus métodos fossem aplicados no processo de ensino-aprendizagem escolarizado.

Este autor usou o termo construtivismo apenas em sua fase de trabalho mais evidenciada pelo foco epistemológico.

As publicações "Lógica e Conhecimento Científico" e "A Epistemologia Genética" são duas das obras nas quais Piaget utilizou o termo "construtivismo", detalhando-o e delimitando-o. Seu foco, ao destacar a palavra construtivismo, foi o de verificar que os problemas epistemológicos clássicos e as transformações das diversas ciências poderiam estar apropriadamente contextualizados se fossem explicados pela epistemologia genética (SASS, 1998).

Para Piaget, a dupla finalidade do uso da palavra construtivismo estaria voltada para:

a) o papel ativo do indivíduo na construção e aquisição de novos conhecimentos. As suas ações não são vistas com idealismo e o objeto, independentemente de existirmos ou não, é um limite e jamais será completamente alcançado. O conhecimento, dentro deste raciocínio, é compreendido como um processo que se elabora continuamente; e

b) o ponto de vista da genética, para explicar o processo de construção de novos conhecimentos no campo de estudo da lógica, da matemática e da física. As hipóteses construtivistas polarizam-se com as hipóteses não-construtivistas ou as que reduzem o conhecimento a algo já pré-concebido, tanto em relação ao indivíduo quanto ao objeto, gerando, assim, um obstáculo na elaboração continuada do conhecer.

Neste sentido, se entendermos que o indivíduo é o protagonista do seu processo de aquisição do conhecimento e que pode intervir no contexto em que está inserido, com certeza, a contribuição de Piaget para a educação e, especificamente, para o construtivismo, tem sido relevante. O construtivismo é um ensino que possibilita que o discente participe ativamente do próprio processo de aprendizagem, experimentando, pesquisando, desenvolvendo atividades em grupo, sendo estimulado a resolver desafios e problemas, desenvolvendo o raciocínio lógico e buscando constantemente o aperfeiçoamento (AZENHA, 1999).

> *PARA SABER MAIS!* O Pedagogo e Doutor em Psicologia Lino de Macedo é um dos autores brasileiros que se destaca no estudo das implicações que a teoria construída e defendida por Piaget tem para a Educação, bem como a referência que este exerce nas questões pedagógicas.

Piaget, na busca de explicar como o conhecimento é adquirido, formou parcerias com muitos estudiosos que tinham uma visão estruturalista.

Podemos dizer que a teoria piagetiana, nesse contexto, seria a teoria estruturante do sujeito e do objeto.

Os termos construtivismo e construtivista apontariam como uma possibilidade de explicar o desenvolvimento das ciências e, de alguma forma, seriam adjetivos (SASS, 1998).

As hipóteses sobre o conhecimento, embasadas na visão do construtivismo, evidenciam que:

a) o princípio das estruturas cognitivas impactam tanto os elementos que circundam o conhecimento quanto os elementos que o constituem; e

b) existe a assimilação e interação recíproca entre duas estruturas, mesmo que façam parte de estágios diferentes, e nenhuma delas ficaria reduzida a um único sentido. Uma estrutura superior pode ter sido o resultado da transformação de uma estrutura de nível inferior que a integrou e a enriqueceu.

Para Piaget, a educação deveria possibilitar que a criança se desenvolvesse amplamente, desde seu período sensório-motor até o operatório formal, levando em consideração os esquemas de assimilação.

Ao propor atividades em que o indivíduo é estimulado a resolver tarefas que o desafiem a equilibrar e reequilibrar dinamicamente suas soluções, a construção de conhecimento seria elaborada na interação com o meio.

Esse construtivismo que se baseia na teoria de Piaget é uma das concepções que surgem no meio educacional. No entanto, já existe a sua variante, o construtivismo pós-piagetiano.

PARA SABER MAIS! Conheça o Instituto Piaget e suas diversas atividades. Disponível em: <http://www.ipiaget.org/homepage>. Acesso em: mar. 2015.

Construtivismo pós-piagetiano

O construtivismo pós-piagetiano, apesar de sua nomenclatura, não está relacionado com o desenvolvimento da teoria piagetiana após Piaget.

É visto como uma renúncia das ideias fundamentais da epistemologia genética criada por Piaget e a concentração na teoria revisionista kleiniana, bem como o estruturalismo de Lacan (SASS, 1998).

Se na concepção de construtivismo piagetiano o conhecer é visto como uma construção que se elabora no contato com o objeto do conhecimento, na visão do construtivismo pós-piagetiano verificou-se que, além do que Piaget propunha, existia a necessidade de incluir um olhar mais atento aos aspectos sociais e culturais presentes no processo de aprendizagem.

O construtivismo pós-piagetiano trouxe para si definições e conceitos de outros referenciais teóricos, tais como (GROSSI; BORDIN, 1993):

- as questões que envolvem o lugar do desejo e do indivíduo dentro do processo de aprendizagem;
- a razão sendo sobreposta pela linguagem;
- o papel do interagir no âmbito social e sua influência na construção do conhecimento;
- as condições de ser único e plural dos indivíduos.

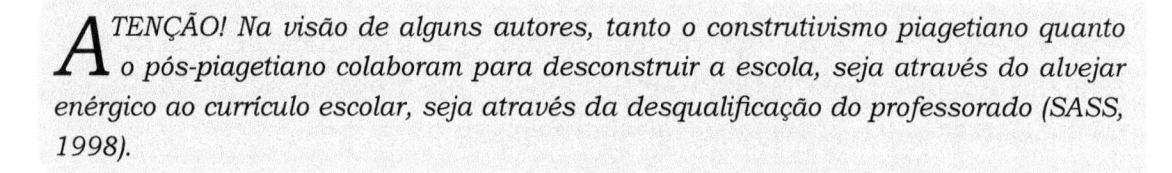

ATENÇÃO! Na visão de alguns autores, tanto o construtivismo piagetiano quanto o pós-piagetiano colaboram para desconstruir a escola, seja através do alvejar enérgico ao currículo escolar, seja através da desqualificação do professorado (SASS, 1998).

Glossário – Unidade 2

Egocentrismo – sentimento no qual o centro da atenção e do interesse é a própria pessoa. Seu foco está voltado para si mesmo.

Epistemologia – estudo que envolve a reflexão sobre o conhecimento, bem como as relações que se estabelecem entre sujeito e objeto.

Epistemólogo – nome que se dá ao indivíduo que observa o comportamento de outros sujeitos e busca compreender de que forma esses captam o mundo em que estão inseridos e como desenvolvem mecanismos para conhecê-lo.

Estágio evolutivo – etapas de vida em que o indivíduo avança em processo de transformação, adquirindo maturidade corporal, psicossocial, neurológica, etc.

Gênese – princípio, início, fase introdutória.

Interiorização – ato ou efeito de voltar-se para si mesmo, para o sentir interno e pessoal de cada indivíduo.

Neurossensoriais – têm relação com aspectos neurológicos e com os órgãos dos sentidos (visão, tato, olfato, paladar, audição), dentro de um sistema integrado de percepção do mundo.

Proposicionalmente – de forma voltada a um propósito, objetivo e/ou meta.

Reversibilidade – capacidade de retornar ao ponto inicial no intuito de analisar os resultados e, a partir daí, aprimorar os dados já conhecidos.

Sentimentos interindividuais – emoções que acontecem e/ou se despertam a partir do relacionamento social, entre pares, e que evoluem progressivamente, tanto positivamente quando impeditivamente.

UNIDADE 3
APRENDIZAGEM AFETIVA

Capítulo 1 Introdução às ideias de Sigmund Freud, 46

Capítulo 2 O desenvolvimento psicossexual, 49

Capítulo 3 O funcionamento do aparelho psíquico, 52

Capítulo 4 A psicanálise e a psicopedagogia escolar, 57

Glossário, 62

1. Introdução às ideias de Sigmund Freud

O século XX foi um período marcado por muitas conquistas no campo da ciência, tais como as viagens espaciais e a fusão do átomo, bem como pela contribuição que o modelo psicanalítico, construído por Freud, proporcionou à humanidade, ao descobrir o inconsciente como um canal para que o ser humano pudesse conhecer mais de si mesmo.

Sigmund Freud – 1856-1939

Sigmund Schlomo Freud (1856-1939), formado em Medicina, foi o criador da Psicanálise e revolucionou o modo de pensar a psique humana.

Filho de uma família de origem judaica, Freud, em seus escritos, relatou que esta formação familiar o ajudou a apreciar o conhecimento, principalmente as ciências; a desenvolver um espírito crítico apurado e livre; e a resistir a comportamentos hostis (JOLIBERT, 2010)

Em um primeiro momento, Freud atuou como médico neurologista, fase na qual introduziu explicações sobre as funções cerebrais, estabelecendo relações com as áreas motoras, auditivas e visuais do cérebro.

Desenvolveu estudos sobre **afasia**, paralisias infantis, **hipertonias** nos membros inferiores em **enuréticos** e paralisia cerebral infantil.

Anos depois, Freud passou a ter interesse pela Psiquiatria. Este novo foco o levou a conhecer os estudos de Jean-Martin Charcot (1825-1893) acerca da histeria.

Charcot descobriu que, temporariamente, era possível eliminar os sintomas histéricos a partir da hipnose e que, através desta técnica, poderia criar artificialmente em seus clientes sintomas aparentemente histéricos (RAPPAPORT; FIORI; DAVIS, 1981).

Mesmo que a teoria específica de Charcot não tenha sido útil para a construção da psicanálise, os sintomas das doenças mentais e suas correlações com processos sugestivos fizeram parte da base do pensar freudiano.

PARA SABER MAIS! A fim de conhecer melhor os estudos desenvolvidos por Freud, recomendamos a leitura de Obras Completas que, apesar de serem volumosas, permitem um aprofundamento em sua teoria. É possível ter acesso à obra freudiana e a escritores de base psicanalítica através da Imago Editora. Disponível em: <http://www.imagoeditora.com.br/imago.php>. Acesso em: abr. 2015.

O principal colaborador das primeiras ideias de Freud foi o médico Josef Breuer (1842-1925). Ele já desenvolvia trabalhos com hipnose no tratamento da histeria, e seu caso mais conhecido foi o de uma paciente histérica que, inclusive, entrou para os anais da psicanálise como o caso de "Ana O.".

O caso de "Ana O." foi o primeiro tratamento clínico que aconteceu dentro do modelo que daria origem à psicanálise.

Breuer provocou o sonambulismo hipnótico como espécie de tranquilizante na paciente, que passou a narrar, durante o estado de hipnose, uma diversidade de episódios que faziam parte do seu passado e que lhe traziam memórias dolorosas. É importante destacar que ela não tinha consciência desses fatos quando não estava hipnotizada. Este processo foi denominado como **método catártico**.

Em sua autobiografia, Freud afirmou que, no início de sua carreira médica, utilizou a hipnose. Essa prática tinha como objetivo tanto sugestionar o paciente, quanto buscar a origem e a história dos sintomas que se apresentavam.

Utilizou, também, o método catártico proposto por Breuer, mas no decorrer dos tempos, foi modificando a técnica deste autor, abandonando, posteriormente, a hipnose.

Freud desenvolveu a técnica de concentração através da qual, em uma conversa normal o paciente buscava rememorar, de maneira sistemática, suas vivências.

Em um primeiro momento, direcionava o atendimento com perguntas. Depois, compreendeu que deveria confiar na fala espontânea do paciente.

Inicialmente, Freud acreditava que os fatos narrados eram situações verdadeiramente ocorridas e vivenciadas. Posteriormente, compreendeu que os fatos poderiam ser frutos da imaginação, mas que a narrativa adquiria a expressão de uma situação vivida na realidade.

Neste sentido, Freud denominou como realidade psíquica as situações imaginadas que assumem valor do que é real (BOCK; FURTADO; TEIXEIRA, 1997). Ele compreendeu que a liberdade que os pacientes tinham para expressar as ideias os deixava, em algum momento, envergonhados e/ou constrangidos em razão das imagens e pensamentos que vinham à tona.

A partir desses dados, Freud denominou:

a) resistência, que é força psíquica que impede sentimentos e emoções de se tornarem conscientes, bem como a revelação de pensamentos. Quanto maior a dor a ser vivenciada com a sua lembrança, mais se intensifica o movimento da resistência, o que potencializa a dificuldade de recordar o trauma (RAPPAPORT; FIORI; DAVIS, 1981).

O trauma reprimido busca, de maneira incessante, alcançar a consciência. Todavia, a resistência criará o impedimento e, ao final desta luta, os sintomas neuróticos serão formados.

ATENÇÃO! A resistência só pôde ser desvendada a partir do momento que Freud não mais usou a hipnose.

b) Repressão, que se trata do processo psíquico que tenta esconder, ou fazer desaparecer da consciência, as representações e/ou a ideia que traz a dor e o sofrimento e que estão na origem do sintoma. Os conteúdos psíquicos estariam dentro do que denominou inconsciente.

*ATENÇÃO!
A repressão não deixa de ser uma consequência lógica da resistência.*

A identificação da repressão e da resistência demarca um modelo dinâmico de forças em embate, e é a partir deste processo que Freud introduz o conceito de mecanismo de defesa.

Essas descobertas fundamentaram, também, o alicerce para a compreensão das neuroses e para uma nova forma de desenvolver o trabalho terapêutico, ao qual chamou de psicanálise.

A psicanálise deve ser vista dentro de um modelo no qual a base são as organizações biológicas, e é a partir delas que os modelos psicológicos serão organizados.

Freud publicou durante toda a sua vida seus apontamentos e descobertas e, através dos seus relatos, foi formulando regras generalizadas sobre de que forma a psique humana se estruturava e como funcionava (BOCK; FURTADO; TEIXEIRA, 1997).

Sigmund Freud com a sua mãe, Amalia Freud – retrato feito em 1925

As relações da vida pessoal de Freud se fundem com a sua obra. Ele mesmo destacava que sua vida, sua obra e o acolhimento que estas receberam não deveriam jamais estar desagregados.

PARA SABER MAIS! No livro "Sigmund Freud", de autoria de Bernard Jolibert, nas páginas de 117 a 119, é possível conhecer as obras publicadas de/sobre Freud. Este livro faz parte da Coleção Educadores publicada pelo MEC em parceria com a UNESCO e a Fundação Joaquim Nabuco – e está no site Domínio Público. Disponível em: <http://www.dominiopublico.gov.br/download/texto/me4683.pdf>. Acesso em: mar. 2015.

2. O desenvolvimento psicossexual

Freud, ao investigar o funcionamento e as causas das neuroses, identificou que uma grande parte dos conteúdos reprimidos, quer fossem desejos, quer pensamentos, se relacionavam com a questão sexual.

Outra conclusão à que chegou é que as experiências infantis, de caráter traumático, quando reprimidas, eram a origem dos sintomas e afetavam profundamente a estruturação da personalidade.

Seguindo na direção dos resultados dessas descobertas acima citadas, Freud colocou a sexualidade humana como centro da vida psíquica e abordou a questão da sexualidade na infância.

Ao abordar a sexualidade infantil, Freud impactou a sociedade em que estava inserido, considerando-se que as crianças eram vistas como sem expressão na questão sexual.

O desenvolvimento da sexualidade passa por etapas complexas até o indivíduo chegar à fase adulta. E é a **libido** que impulsiona e energiza os instintos sexuais e se restringe a apenas essa área.

Nos primeiros anos de vida, a função sexual tem ligação com a sobrevivência e o prazer se relaciona com o próprio corpo.

Em todas as partes do corpo é possível desencadear excitação sexual e, no decorrer do tempo e da maturidade do indivíduo, novas etapas no desenvolvimento psicossexual vão acontecendo.

A teoria freudiana, a partir da conceituação do corpo erotizado, postulou as etapas do desenvolvimento sexual em: fase oral, fase anal, fase fálica, período de latência e fase genital.

No transcurso dessas etapas existe uma diversidade de processos e situações que interferem na estruturação da personalidade. Um deles é o que Freud denominou Complexo de Édipo. Este pode acontecer tanto com meninos quanto com meninas, na faixa etária entre 2 e 5 anos.

O Complexo de Édipo se caracteriza, no menino, pelo desejo voltado para a mãe, vendo no pai um empecilho para ter acesso ao seu objeto de desejo. O filho procura se espelhar na figura paterna internalizando seu comportamento, as regras e as normas sociais impostas por esse modelo e, ao perceber que o amor do pai também é importante, canaliza toda essa energia do seu desejo para interagir com o mundo social.

No caso das meninas, o mesmo processo acontece, mas invertidamente. O objeto do desejo é o pai e o processo competitivo e de disputa acontece na relação com a mãe. Carl Gustav Jung, seguidor de Sigmund Freud, denominou esta versão do processo como Complexo de Electra.

Fases do Desenvolvimento Psicossexual

Fase Oral

A **zona de erotização** é a boca. É por este órgão que a criança conhecerá o mundo e fará sua primeira e mais importante descoberta afetiva: o seio materno.

O seio é o primeiro objeto de ligação estabelecido na infância. Nele estarão os primeiros sentimentos de amor e ódio. Inicialmente o bebê não identifica a figura da mãe como objeto de desejo e sim, apenas o seu seio que considera ser bom para ele.

Com o passar do tempo, essa relação bebê-seio-mãe passa por transformações e o objeto de desejo passa a ser a mãe, tendo em vista, que ela é quem oferece o seio, que é bom.

O psicanalista alemão Karl Abraham (1877- 1925), um dos primeiros colaboradores de Freud, propôs a existência de duas etapas do desenvolvimento da libido na fase oral:

- etapa oral de sucção – acontece antes da dentição. O mundo interno de fantasias é vivido, pela criança, como algo real. Esse modelo de organização psíquica é chamado de **narcisismo**;
- etapa oral sádico-canibal – surge com o aparecimento da dentição. Os dentes evidenciam o primeiro dado materializador da capacidade destrutiva infantil. Vale ressaltar que o aparecimento da agressividade é importante para que, futuramente, o indivíduo desenvolva capacidade de luta social.

Fase Anal

A fase anal é o período no qual a libido passa a se organizar de forma que a zona de erotização é o ânus. A projeção e o controle serão as duas modalidades de relação que irão se estabelecer.

Freud e Abraham fazem uma redivisão nas etapas da fase anal:

- a etapa biológica, que tem por característica o predomínio dos processos de expulsão, ligados ao mecanismo psicológico da projeção;

- a etapa retentiva, que está ligada aos mecanismos psicológicos voltados para o controle. As fezes passam a ser o foco da fantasia infantil e, como elas são produtos do próprio corpo da criança, ela sente prazer ao produzi-las.

No **controle esfincteriano**, as fezes podem ser recebidas pelos pais como recompensa ou como presente hostil. E é essa reação que desencadeará no(a) filho(a) sentimentos de valorização ou de desvalorização. Sentir que o que fazemos tem sentido bom gera, internamente, o desejo de estabelecer relações sociais produtivas (RAPPAPORT; FIORI; DAVIS, 1981).

Fase Fálica

A zona de erotização é o órgão sexual. É uma fase em que o interesse pela masturbação torna-se evidente, tanto em meninas quanto em meninos. As diferenciações sexuais também ficam direcionadas aos objetos. Por exemplo: A criança pergunta se o ônibus tem pênis ou se o carrinho é menina.

É interessante observar que a discriminação sexual não é marcada pela presença de um dos dois órgãos genitais, mas sim, se existe, ou não, a presença do pênis.

O objetivo da fase fálica se concentra em organizar os modelos de relação entre homem e mulher.

Período de Latência

Este período se caracteriza:

- pelo direcionamento das energias sexuais, através da sublimação, para o desenvolvimento social do indivíduo;
- por ser um período intermediário entre a fase fálica e a fase genital.

É um período que se prolonga até a puberdade e que se caracteriza por uma diminuição das atividades sexuais, mas de desenvolvimento e realizações intelectuais e de socialização.

Fase Genital

Para Freud, o ser humano que alcança a fase genital atingiu o desenvolvimento pleno do adulto normal. Conseguiu realizar as adaptações biológicas e psicológicas, introjetando e elaborando o mundo.

A fase genital é um período em que o foco da erotização ou do desejo está voltado para o objeto externo – o outro – e não mais para o próprio corpo.

> *PARA SABER MAIS! Uma boa sugestão é o filme americano lançado em 1962, "Freud, além da alma", dirigido por John Huston, que mostra o início dos trabalhos de Freud, destacando sua teoria sobre a interpretação dos sonhos e o impacto na comunidade médica diante dos estudos apresentados por ele.*

3. O funcionamento do aparelho psíquico

O funcionamento do aparelho psíquico é gerado a partir de três visões. São elas:

- **econômica** – determinada quantidade de energia estimula os processos psíquicos;
- **tópica** – tendo em vista que o aparelho psíquico poderia ser considerado como um espaço psíquico em função de suas características peculiares como: ser formado por vários sistemas que são diferentes, tanto em sua essência quanto em seu funcionamento;
- **dinâmica** – o conflito permanente e dinâmico das forças, denominadas por Freud como pulsões, que ocorrem no interior psíquico. A **pulsão** de vida se chama Eros e abarca tanto as pulsões sexuais quanto as de autoconservação. A pulsão de morte se chama Tanatos e está canalizada para a autodestruição ou para se manifestar como impulso voltado para a agressividade e destruição externas.

A primeira teoria sobre a estrutura do aparelho psíquico

A primeira concepção sobre a estrutura e o funcionamento da personalidade apontada por Freud aconteceu em 1900, com a publicação do livro "A interpretação dos sonhos".

Nesta primeira teoria, Freud indicava que existiam três sistemas, ou instâncias, da psique humana, que seriam o inconsciente, o pré-consciente e o consciente.

O inconsciente

Ele é um sistema do aparelho psíquico que tem maneira própria e particularizada de funcionamento, no qual não existem concepções sobre presente ou passado (BOCK; FURTADO; TEIXEIRA, 1997).

O inconsciente é um conjunto de conteúdos reprimidos que não teriam acesso aos sistemas pré-consciente e consciente, em função da censura interna.

Esses conteúdos podem:

- ter ficado na condição consciente em dado momento e, após terem sido reprimidos, foram para o inconsciente;
- ser autenticamente inconscientes.

O pré-consciente

É o sistema onde estão os conteúdos que chegaram à consciência.

Em um primeiro momento, aquilo que não está consciente pode estar no momento seguinte.

O consciente

É o sistema do aparelho psíquico que recebe simultaneamente tanto as informações do mundo exterior como do mundo interior.

O fenômeno da percepção, na consciência, aponta como destaque. A percepção do mundo exterior é um foco importante.

A segunda teoria do aparelho psíquico

Entre os anos 1920 e 1923, Freud revê sua teoria do aparelho psíquico e acrescenta novos conceitos para explicar os três sistemas de personalidade: id, ego e superego.

Esses sistemas são interdependentes e as experiências particularizadas e pessoais de cada um deles é que formam o indivíduo, tanto em relação ao outro, quanto no contexto social (BOCK; FURTADO; TEIXEIRA, 1997).

Id

Ele é a essência de toda energia psíquica armazenada e também onde estão as pulsões de vida (Eros) e de morte (Tanatos).

As características do id são:

- é governado pelo princípio do prazer;
- o processo primário, que se relaciona com a manifestação do desejo e com o objeto que o satisfará, é de sua responsabilidade;
- não existe nele o princípio do não contraditório, tendo em vista que não é a realidade que o dimensiona;
- é atemporal, pois está focado na vivência presente;
- não é verbal, a produção de imagens retrata os desejos, por exemplo, através dos sonhos;
- seu funcionamento está apoiado pelos processos básicos do inconsciente.

As características, na primeira teoria do aparelho psíquico, que eram relacionadas ao inconsciente, nesta segunda teoria, se relacionam ao id (BOCK; FURTADO; TEIXEIRA, 1997).

Ego

Ele é governado pelo princípio da realidade que, juntamente com o princípio do prazer, controlam todo o funcionamento psíquico.

O ego é o sistema que mantém o equilíbrio entre o id, a realidade e o superego. Ele faz a proteção do aparelho psíquico e é considerado a sede da angústia.

É a partir da identificação da origem do perigo que as angústias podem ser classificadas em:

angústia real – é o denominado medo que gera no organismo condições para estar em posição de luta ou fuga. Por exemplo: quando em uma situação que desperta perigo, o organismo responde com uma descarga de adrenalina;

angústia neurótica – é o temor que existe no ego de que os desejos do id prevaleçam sobre os indicativos do real. Por exemplo: quando apresentamos a vontade de ter atitudes que nos farão perder o controle;

angústia moral – quando a atuação extremamente rígida do superego nos faz sentir que não somos pessoas tão boas, que estamos errados e que a culpa é presente o tempo todo.

Podemos dizer que o ego regula o desejo e os interesses do indivíduo, modificando o princípio do prazer, não deixando de levar em conta o que a realidade apresenta. Seria a busca do prazer, evitando o desprazer.

O ego está situado em uma parte do consciente e em outra, do inconsciente. As funções básicas do ego são: pensamento, memória, percepção e sentimentos.

Superego

A origem do superego está no Complexo de Édipo, quando o indivíduo passa pelo processo de internalizar regras, proibições, limites e autoridade.

A função do superego se relaciona a tudo que envolve a moral e os ideais, e o conteúdo do superego está relacionado às exigências sociais e culturais.

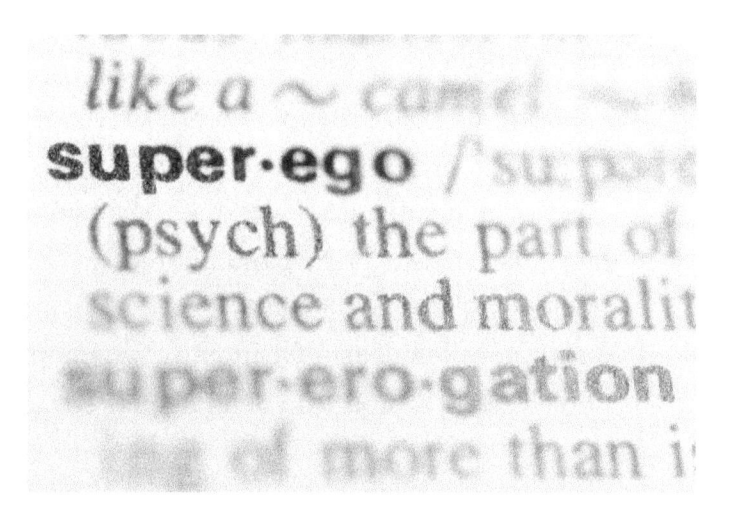

Mecanismos de Defesa

Os mecanismos de defesa são formas de o indivíduo lidar com seu mundo externo. Na tentativa de evitar o desprazer, a pessoa pode distorcer e/ou eliminar os dados que percebe da realidade em que está inserida, afastando determinados conteúdos psíquicos, interferindo em seu pensamento (BOCK; FURTADO; TEIXEIRA, 1997).

Existe uma variedade de mecanismos que o indivíduo pode utilizar para distorcer sua realidade. São os mecanismos de defesa, e eles são inconscientes e realizados pelo ego.

Para Freud, essa defesa, então propiciada pelo ego, tem por objetivo excluir da consciência aqueles conteúdos que causam desprazer fazendo, assim, a proteção do aparelho psíquico.

O ego, como sede dos processos defensivos, movimenta os mecanismos que eliminam ou distorcem a percepção da situação ameaçadora interna, estimulada pelo aparecimento de ameaças reais ou originárias da imaginação que se localizam no mundo externo (BOCK; FURTADO; TEIXEIRA, 1997).

Os mecanismos de defesa são: recalque, formação reativa, regressão, projeção, racionalização, denegação, identificação, divisão ou cisão, negação, sublimação, deslocamento, isolamento, anulação retroativa, inversão e retorno sobre si mesmo.

Utilizamos, diariamente, os mecanismos de defesa e isso não caracteriza, em si, nenhum comportamento patológico.

No entanto, essa distorção da realidade, no intuito de nos defendermos daquilo que consideramos perigoso para o equilíbrio do nosso aparelho psíquico, ao ser desvendado, nos possibilita ver a realidade como ela verdadeiramente é.

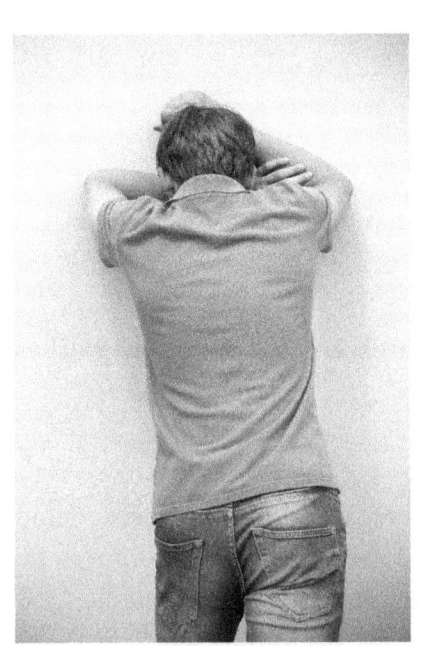

Abaixo abordamos alguns dos mecanismos de defesa e como eles podem ser identificados.

Recalque

O recalque é o mais radical mecanismo de defesa. O indivíduo suprime parte da realidade e não percebe que esta compõe um todo.

Ao ignorar esta parte, a percepção do real fica deformada e seu sentido fica completamente alterado.

Formação Reativa

O ego afasta o direcionamento do seu desejo e adota uma atitude oposta a este.

As atitudes tomadas pelo indivíduo tendem a esconder a origem de sua real motivação, no intuito de proteger a consciência do sofrimento.

Por exemplo: alguém com atitude superprotetora excessiva pode ocultar sentimentos de raiva e de culpabilização do outro. Descobrir tais sentimentos poderia gerar muita dor.

Regressão

O indivíduo regride para etapas anteriores de seu desenvolvimento, retornando para atitudes mais primitivas.

Projeção

É um dos mecanismos de defesa que frequentemente observamos e vivenciamos em nosso dia a dia.

A projeção é o encontro de distorções simultâneas entre os mundos externo e interno. O indivíduo projeta para o mundo exterior aquilo que considera desagradável, no entanto, não percebe que aquilo que projetou faz parte de si mesmo.

Racionalização

A racionalização é uma forma de se defender do mundo real utilizando argumentos de bom convencimento, lógicos e de grande articulação intelectual. O ego utiliza os conhecimentos científico e cultural e os coloca à disposição do irracional para se defender dos dados distorcidos captados pela consciência.

Repressão

É o principal mecanismo de defesa, pois é a partir dele que todos os outros são gerados.

A repressão cria o impedimento para que os pensamentos, que geram perigo ou causam dor, cheguem à consciência.

Divisão ou cisão

Ocorre quando nos relacionamos com um objeto e/ou uma imagem e o/a dividimos, simultaneamente, em dois. Um apresentará a característica do objeto bom, positivo, importante de ser preservado; e o outro, o objeto mau, que nos desperta repulsa e sobre o qual lançamos sentimentos negativos que sequer nos levam a vivenciar a culpa.

Negação ou negação da realidade

A negação é um dos mecanismos de defesa que aparece quando não percebemos aspectos que gerariam sentimentos que afetariam nosso equilíbrio psíquico. Por exemplo: o indivíduo fumante. Apesar de ele ter consciência de todos os riscos de prejuízo à sua saúde, persiste em fumar e reluta em rever sua prática.

Identificação

Na identificação, o indivíduo que se percebe com comportamentos inadequados, se espelha em alguém que considera especial e valoroso.

É um processo importante na vida de uma criança, tendo em vista que está assimilando o mundo que a cerca e buscando construir sua própria identidade. Vale ressaltar que o indivíduo que mantém, durante toda a sua vida, a busca por processos identificativos, acaba por não construir uma identidade própria.

Isolamento

O isolamento é marcado pelo afastamento do pensamento, atitudes ou comportamentos, das conexões que propiciam ao indivíduo a elaboração mental. A pessoa fica distante dos desejos iniciais, em função desse processo de isolamento.

Deslocamento

É através do deslocamento que o indivíduo expressa os sentimentos que se encontram acumulados e retidos internamente. São, geralmente, sentimentos que envolvem a agressividade. Por exemplo: conseguimos ser pacientes com as atitudes não adequadas de uma pessoa que está próxima de nós, porém, somos exageradamente rígidos ao cobrar comportamentos assertivos de colegas de trabalho, mesmo que no caso de pessoas próximas a possível consequência tenha sido mais grave e mais volumosa nos efeitos negativos.

Sublimação

É considerado o mecanismo de defesa mais evoluído. É uma característica do indivíduo dito normal.

Quando há algum desejo que literalmente não pode ser realizado, ele é canalizado pelo ego para atividades que sejam simbolicamente parecidas e produtivas socialmente. Por exemplo: uma pessoa com intensos desejos sexuais pode, a partir desses, gerar, por sublimação, a escolha de uma profissão que lide com seu objeto de desejo.

ATENÇÃO! É importante destacar que os mecanismos de defesa, dentro de certa fronteira, são considerados normais, porém, quando extrapolam essa demarcação delimitadora, tornam-se **patogênicos**.

4. A psicanálise e a psicopedagogia escolar

A instituição escola, desde os tempos mais primórdios, tem sido impactada por diversos processos pedagógicos que ora avançam, ora retrocedem, mas que não deixam de ter o do anseio por transformações significativas, tanto individuais quanto sociais.

Na Idade Média, a escola era focada nos hábitos escolares, e as questões que circundavam a formação do indivíduo não eram vistas com relevância. No final do século XVII, a comunidade escolar, em função das mudanças sociais daquele período, entendeu que era necessário dar atenção especial e valorizar a formação que buscava construir um pensamento moral e social nos estudantes. A relevância da figura da criança com relação à aprendizagem, durante anos, era inexistente. Não era obrigatório, sequer, que os pequenos aprendessem.

Já no século XX, as crianças assumiram o papel de serem as grandes transformadoras de um futuro social na qual serão cidadãs em adequação às demandas emergidas na sociedade. Mas, para que estejam preparadas, elas precisariam ser educadas e receber as regras necessárias para estarem aptas a darem vez à sua voz.

É neste período que surge Freud, com seus estudos, propondo um novo olhar para o ser humano e para sua forma de estar e interagir com o/no mundo. As crianças passaram a ter um espaço de destaque e relevância no estudo do processo de conhecimento psíquico do adulto.

Freud não se detém a escrever especificamente para a área educacional, mas apresentou diversas ideias sobre a educação e, algumas vezes, a criticou como fonte do desencadeamento de neuroses.

Quando no contexto escolar, nos deparamos com estudantes que apresentam, cognitivamente, bom desempenho, porém, há muitos outros com diversas dificuldades. Não podemos deixar de lado os fatores que circundam esses indivíduos e que impactam, tanto positiva como negativamente, o seu aprendizado.

A psicanálise pode auxiliar grandemente o psicopedagogo ao lhe dar instrumentos para compreender o universo psíquico, haja vista que com ela é possível entender o ser humano e de que forma ele estabelece seus relacionamentos, bem como interage com o mundo que o cerca. Nesta direção, a teoria psicanalítica ajuda no trabalho desenvolvido pelo psicopedagogo, ao lhe dar condições para estabelecer maior vinculação relacional com o indivíduo que está acompanhando.

As principais contribuições da Psicanálise à Psicopedagogia estão voltadas, principalmente, para:

- a compreensão do funcionamento e da dinâmica estrutural da personalidade;
- saber como lidar com os desejos e com os impulsos que emergem do indivíduo e que entram em contato com o mundo externo;
- compreender como o indivíduo pode se perceber, em sua singularidade;
- conseguir lidar com a personalidade de cada indivíduo;
- auxiliar o indivíduo a lidar com seus objetos internos;
- ser um canal por meio do qual o indivíduo possa demonstrar o seu modo de qualificar ou desqualificar seus objetos internos;
- ajudar o indivíduo a evidenciar a aquisição de valores recebidos pelos que o cercam e que fazem parte do seu contexto social e cultural; e
- conhecer a estruturação do mundo mental e de que forma ele se organiza.

A psicanálise nos faz compreender que somos seres desejosos que, muitas vezes, sequer sabemos quem somos ou conhecemos nossas reais necessidades. Expressamos o que pensamos e o que gostaríamos de alcançar, no entanto, isso não é nossa totalidade, mas sim apenas uma parte de nós.

Nosso lado oculto está no inconsciente e o superego cumpre a função de reprimi-lo.

PARA SABER MAIS! Ao fazer uma busca pela internet, é possível localizar vários cursos, seja de extensão, pós-graduação, formação, etc., que focam na teoria psicanalítica ou freudiana. Os cursos são direcionados para as áreas: de saúde, educacional, teológica, entre outras, e são oferecidos na modalidade presencial, semipresencial e até mesmo a distância.

Conhecer a teoria postulada por Freud faz com que as observações das relações escolares sejam vistas, tanto pelos psicopedagogos quanto pelos professores, como um material precioso. A expressão das atitudes conscientes dos estudantes, bem como de todos da comunidade escolar, além dos desejos emergidos por todos os envolvidos, nos permitem criar vínculos transformadores e restauradores.

A motivação que envolve esses vínculos construídos diariamente, desperta a busca do conhecer mais do universo psíquico, tanto de si mesmo, quanto do outro. Vale ressaltar que, quando estamos envolvidos em uma relação, ela pode desencadear, internamente, sentimentos que se caracterizam pela oposição entre si, como o amor e o ódio.

Na Educação é possível identificar essa relação, que se caracteriza pela ambiguidade, no ambiente escolar. Ao mesmo tempo em que percebemos que amamos a escola pela possibilidade que temos de ter um espaço próprio para a aprendizagem, a odiamos quando, por algum motivo, fracassamos e não alcançamos as expectativas (nossas e a dos outros).

O fenômeno psíquico, descrito por Freud, como transferência, se encontra em todos os nossos relacionamentos. A transferência se dá quando as repetições de modelos da infância passam a ser vividos com tanta intensidade que dão o sentido de serem completamente atuais (LAPLANCHE & PONTALIS, 1992)

Na relação transferencial está implícita a relação de amor e ódio, no sentido de afeto e desafeto, direcionado para o objeto de desejo. Por exemplo: na relação entre professor e aluno, o docente pode evocar, na visão do estudante, a representação da figura de autoridade parental e/ou de alguém afetivamente especial para ele. Neste sentido, está ocorrendo um processo de transferência.

O processo de conhecimento é o objeto do desejo na relação entre estudante e professor, pois é através do processo de identificação que o primeiro tem com o segundo, que acontece o despertar desse desejo. A Psicopedagogia Escolar pode se beneficiar muito dos conhecimentos da teoria freudiana a partir do momento que esta propõe uma forma de abordar as questões individuais e coletivas, levando em conta o sofrimento psíquico vivenciado pelo indivíduo.

Dentro da Psicanálise, existe a possibilidade de se trabalhar de forma mais livre ou mais rígida. No entanto, fica ao encargo do psicopedagogo identificar e escolher o tipo de método de trabalho que melhor se encaixa com o indivíduo que está atendendo.

Para que haja assertividade na escolha da metodologia, é importante que o profissional de Psicopedagogia esteja atento:

- às necessidades do indivíduo que atende;

- à maneira que melhor se adequará às características particulares e/ou sociais do indivíduo que está em atendimento;
- aos vínculos estabelecidos entre o profissional e o indivíduo atendido;
- aos valores que o indivíduo, que está em atendimento, traz consigo: valores escolares, familiares, culturais etc.

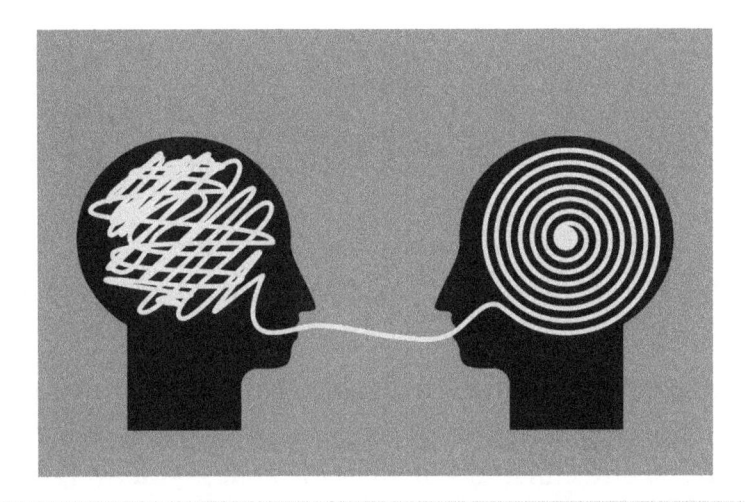

PARA SABER MAIS! Existem várias organizações no território brasileiro que foram projetadas com o intuito de capacitar, pesquisar, divulgar e expandir a teoria psicanalítica. Listamos apenas algumas delas para que haja uma referência inicial:

- *Círculo Psicanalítico do Rio de Janeiro – http://www.cprj.com.br/*
- *Escola Brasileira de Psicanálise – http://ebp.org.br/*
- *Federação Brasileira de Psicanálise – http://febrapsi.org.br/*
- *Núcleo Brasileiro de Pesquisas Psicanalíticas – http://www.nucleodepesquisas.com.br/*
- *Sociedade Brasileira de Psicanálise de Porto Alegre – http://www.sbpdepa.org.br/*
- *Sociedade Brasileira de Psicanálise de Ribeirão Preto - http://www.sbprp.org.br/sbprp/*
- *Sociedade Brasileira de Psicanálise de São Paulo – http://www.sbpsp.org.br/*
- *Sociedade Brasileira de Psicanálise do Rio de Janeiro – http://sbprj.org.br/site/*
- *Sociedade de Psicanálise de Brasília – http://www.spbsb.org.br/site/*

Glossário – Unidade 3

Afasia – alteração na função da linguagem em que o indivíduo apresenta dificuldade na linguagem falada e escrita.

Controle esfincteriano – se processa de forma a reter ou eliminar as fezes naturalmente.

Enuréticos – indivíduos que sofrem de incontinência urinária e que não controlam o movimento muscular de micção e retenção.

Hipertonias – aumento, fora dos padrões, do tônus muscular que gera rigidez acentuada nos músculos.

Libido – energia afetiva que busca o prazer. Durante toda a vida do indivíduo, ela vai se organizando em torno de uma zona erógena, durante as etapas do seu desenvolvimento.

Método catártico – proposta de tratamento em que o paciente é estimulado a liberar afetos e emoções que estão ligados a situações que o traumatizaram, e que na época do acontecimento doloroso e/ou desagradável, não puderam ser expressos. Quando há a liberação desses afetos e dessas emoções, torna-se possível eliminar os sintomas que se apresentam.

Narcisismo – a criança se percebe como sendo mais especial do que o outro, sendo o centro de tudo que pode ser considerado o mais bonito e mais interessante de ser vivenciado.

Patogênicos – ações que desencadeiam processos que adoecem o indivíduo.

Pulsão – é uma situação tensionada que, através de um objeto, o indivíduo busca sair desse estágio em que se sente pressionado.

Zona de erotização – parte do corpo que, ao ser tocada, fica mais sensível e, naturalmente, desperta instintos sexuais.

UNIDADE 4
APRENDIZAGEM SOCIAL

Capítulo 1 Psicologia social: aspectos epistemológicos e éticos, 64

Capítulo 2 Enrique Pichon-Rivière: trabalhando com grupos operativos, 65

Capítulo 3 A organização social da educação: práticas educativas e desenvolvimento humano, 71

Capítulo 4 As práticas educativas familiares, 75

Glossário, 79

Referências, 80

1. Psicologia social: aspectos epistemológicos e éticos

A Psicologia Social é o campo da psicologia voltado para a questão do sujeito enquanto ser coletivo e individual, particular e universal, e que carrega, explicitamente, a questão da ética. Ela estuda o sujeito dentro de um contexto de interações, sejam elas psíquicas, sociais, culturais, entre outras.

A psicologia, enquanto ciência, influenciada pela epistemologia positivista, reduziu o sujeito, na opinião de alguns estudiosos, à condição de objeto e objetividade. Desta forma, acabou por desencadear a alienação da **ética epistemológica** e do sujeito livre.

A psicologia social trava, incessantemente, reflexões e diálogos para que a subjetividade e o sujeito ocupem o seu devido lugar na psicologia.

Um de seus grandes desafios é o de apropriar-se da conceituação de humanidade e dar dignidade à ideia de sujeito, sem privilegiar os aspectos individualistas e intimistas que têm se multiplicado em nossa sociedade (SAWAIA, 1998)

Logotipo da psicologia social

Nos últimos anos, é perceptível o aumento de espaços de debates epistemológicos sobre o sujeito e sobre como ele constrói conhecimento.

De maneira ampla, e até mesmo simples, podemos resumir essas reflexões da seguinte forma (SAWAIA, 1998):

- o debate entre o sujeito consciente, o sujeito inconsciente e o **sujeito espaço vazio**; e
- as discussões sobre o significado de cada concepção de sujeito consciente, sujeito inconsciente e sujeito espaço vazio.

Importante destacarmos que as questões que fazem referência à condição ética e à **ontogênese do sujeito** perpassam os pontos destacados anteriormente.

Essa relação entre o individual e o coletivo nos leva a refletir e questionar se os comportamentos particularizados e éticos são contrários entre si.

Atualmente, o que percebemos em nossa sociedade é o predomínio crescente da visão individualista do sujeito, mesmo que este esteja inserido dentro de um grupo social. Os valores que deveriam ser parâmetros para os relacionamentos entre as pessoas, quando dentro da coletividade, ficam sem relevância e significação.

O que fica evidente é uma tendência da construção de um coletivo falsamente voltada para o que é, verdadeiramente, coletivo.

No discurso, enquanto sociedade, verbalizamos que tudo que tem sido construído é para o bem de todos e para atender à demanda das necessidades do coletivo. No entanto, as ações são pontuais e voltadas, muitas vezes, para as necessidades individuais.

Esse **narcisismo** coletivo se demonstra **introspecto**, com afirmações ingênuas sobre identidade e a exibe com traços regionalizados, nacionalizados, em que destacam raças, gêneros, faixa etária, no entanto, colocando os sujeitos dentro de um mesmo modelo (SAWAIA, 1998).

A teoria de Pichon-Rivière contribuiu de modo significativo para os estudos sobre grupos. Ele propôs estratégias para a compreensão da estrutura e da maneira de funcionamento dos grupos, além de formas de intervir, tendo por objetivo dar instrumentos ao sujeito, à aprendizagem e à transformação (PEREIRA, 2013).

2. Enrique Pichon-Rivière: trabalhando com grupos operativos

Enrique Pichon-Rivière (1907-1977) foi um psiquiatra suíço que escolheu a Argentina para passar sua vida.

Ainda como estudante, observou que era necessário desenvolver uma nova forma de abordar as questões trazidas pelos pacientes que atendia.

Entendeu que era fator primordial unir os pontos de vista físico e psíquico, o que, para a época, era algo inovador, tendo em vista que corpo e mente não eram estudados em concomitância.

Quando funcionários do hospital onde trabalhava entraram em greve, e tomar conta dos pacientes neste contexto se tornou algo crítico, Pichon-Rivière propôs que doentes em situação menos grave cuidassem daqueles que tivessem o quadro mais comprometido.

Observou que, depois de um tempo, a melhora dos dois grupos de pacientes foi significativa, uma vez que os papéis anteriormente estabelecidos, de cuidador e de paciente, foram rompidos.

A partir dessa experiência, Pichon-Rivière se interessou em conhecer a teoria de "Comunicação e Interação", bem como o trabalho do psicólogo Kurt Lewin

(1890-1947), que abordou a questão da teoria de campo. Ele contribiu significativamente com seus estudos sobre a estrutura e o funcionamento dos grupos.

Também têm destaque em sua obra a teoria e técnica do grupo operativo, bem como a intervenção no campo grupal.

Em 1942, juntamente com outros, Pichon-Rivière fundou a Associação Psicanalítica Argentina – APA. Foi, também, um pioneiro na prática psiquiátrica na Argentina e considerado um dos fundadores da psicologia social.

PARA SABER MAIS! Pichon-Rivière fundou, em 1953, o Instituto Argentino de Estudos Sociais, onde estava inserida a Escola de Psiquiatria Dinâmica que, posteriormente, passou a ser chamada de Escola de Psiquiatria Social. Para muitos, esta mudança significou um marco da passagem de Pichon-Rivière da Psicanálise para a Psicologia Social.

Pichon-Rivière baseou a construção de seu pensamento e de sua abordagem teórica na visão dialética do mundo real.

Todas as suas reflexões e conceituações são circundadas pelo interagir e transformar do sujeito, tanto consigo, quanto em relação a seus vínculos e a sua maneira de transitar no contexto do real.

*ATENÇÃO!
Um dos conceitos centrais da teoria de Pichon-Rivière é o da dialética.*

A abordagem dialética, como um sistema do saber filosófico e científico, foi um dos pontos fundamentais para a construção da abordagem pichoniana.

PARA SABER MAIS! A palavra dialética significa discussão. Ela é derivada do latim – dialectica – e do grego – dialektike.

O primeiro sentido da palavra dialética, como arte de dialogar, foi aplicado pelo filósofo grego Sócrates. Posteriormente, esta definição foi retomada na teoria pichoniana, quando este psiquiatra abordou a questão da Adaptação Ativa à Realidade (AAR). Essa AAR só ocorre na visão pichoniana, a partir das práticas interativas e comunicacionais entre o eu e o outro, entre o indivíduo e o grupo.

Atualmente, compreendemos também que dialética é uma forma de refletir as contradições que fazem parte da essência do mundo real, bem como o incessante movimento de transformação (KONDER, 1998).

Pichon-Rivière desenvolveu seus estudos na dialética do sujeito e dos grupos. Ele apontou contradições que considerou como completamente essenciais à essência de todo tipo de grupo. São elas:

- novo *versus* velho;
- necessidade *versus* satisfação;
- explícito *versus* implícito;
- sujeito *versus* grupo; e
- projeto *versus* resistência à mudança.

Assim como o processo de aprendizagem, o processo vivenciado em grupo tem ação constante que se estrutura, desestrutura e reestrutura em permanente transformação.

Na teoria pichoniana, todo grupo tem uma tarefa. Este tem como atividade central examinar minunciosamente as contradições que acontecem no (GAYOTTO, 2002):

- aqui-e-agora do contexto grupal;
- processamento da apropriação e da distribuição de papéis; e
- interagir e no aparecimento dos fenômenos.

Este movimento de avançar, de rever o processo grupal e de estar buscando saciar as necessidades dos sujeitos, Pichon-Rivière chamou de espiral dialética.

A espiral dialética é um movimento constante, dinâmico e integrado dos vínculos externos e internos que se processam tanto de fora para dentro, como de dentro para fora.

> *PARA SABER MAIS! Pichon-Rivière desenvolveu laços pessoais e profissionais com vários estudiosos, entre eles: a psicanalista austríaca Melanie Klein (1882-1960), o psicanalista francês Jacques-Marie Émile Lacan (1901-1981), o escritor André Breton (1896-1966), o psiquiatra e psicanalista argentino José Bleger (1923-1972) e a escritora Ana Quiroga (1967-),entre outros.*

Os grupos podem ser classificados em dois tipos (ZIMERMAN, 1999):

1) psicoterapêuticos; e

2) operativos.

Grupos psicoterapêuticos

Esses grupos têm como foco terapêutico aliviar ou eliminar os sintomas indesejáveis manifestos pelo sujeito, contribuindo para que este desenvolva comportamentos **salutares**, voltados para o autoconhecimento e para seu desenvolvimento pessoal.

O grupo psicoterapêutico seria uma forma de psicoterapia grupal.

Grupos operativos

A técnica do grupo operativo está focada no contexto grupal, cujo objetivo é desenvolver e estimular o processo de aprendizagem para todos os que estão envolvidos neste contexto.

Os grupos operativos se aproximam dos grupos de psicoeducação ou grupos de aprendizagem, sendo significativamente diferentes dos grupos psicoterapêuticos.

Esses grupos visam operacionalizar uma tarefa e/ou atividade específica que está voltada para a aprendizagem. O objetivo principal do grupo operativo é a mudança, tendo em vista que, durante o processo grupal, os seus participantes alternam papéis e posições diante da tarefa a ser cumprida.

Durante a resolução de tarefas, o grupo aprende a problematizar as variáveis que surgem no decorrer do processo e a compartilhar as necessidades que circundam os objetivos comuns (BASTOS, 2010).

No grupo operativo, descentralizar funções, flexibilizar respostas e estar aberto para o novo implicam em um processo de mudança que fará com que haja crescimento para todos os participantes do grupo.

Os grupos operativos apresentam quatro subtipos:

a) de ensino-aprendizagem;

b) institucionais;

c) comunitários; e

d) terapêuticos.

O grupo operativo, na visão de Pichon-Rivière, se refere a uma técnica de intervenção e de estratégia de pesquisa, que apresenta as seguintes características:

- não é diretiva;
- transforma um contexto vivido no grupo em um campo ativo de investigação;
- se baseia na dimensão psicossocial do sujeito e nas suas possibilidades de aprendizagem; e
- pode ser utilizada como uma tecnologia, direcionando o grupo para administrar o conhecimento, o pensamento crítico e ações que gerem transformações.

ATENÇÃO! O termo "grupo operativo" nem sempre indica a teoria e a técnica de Pichon-Rivière. Em alguns momentos, essa nomenclatura evidencia um contraponto com o grupo psicoterapêutico.

Os encontros dos grupos operativos não necessariamente são encaminhados para temas específicos. Cada participante do grupo pode falar à vontade e é a partir das interações e das **experiências** compartilhadas que o tema flui.

De acordo com a abordagem pichoniana, nos grupos operativos temos as figuras:

- do coordenador – que tem o papel de mediar, articular falas e ações no sentido de que o movimento do grupo seja direcionado para cumprir a tarefa comum;
- do observador – que tem por função auxiliar o coordenador, observando a movimentação grupal em torno da tarefa e os papéis que seus integrantes

desenvolvem no decorrer do processo. Este observador também anota o desenvolvimento do grupo e busca conhecer a história dele e de seus participantes;

- do porta-voz – que é o participante do grupo que torna claro as mensagens que estão nas entrelinhas. Seu intuito é o de colaborar com a tarefa;
- do bode expiatório – que é o participante do grupo que deixa claro alguma mensagem que entra em desacordo com a opinião dos demais membros envolvidos na tarefa;
- do líder da mudança – que é o integrante do grupo que surge após o porta voz ter detectado e colocado às claras o que percebeu no desenvolvimento da tarefa, e toma para si, após a aceitação grupal, a contribuição da dialética.

No grupo operativo, os papéis de coordenador e observador são fixos. Os outros papéis, como porta-voz, bode expiatório e líder da mudança, surgem à medida que o processo grupal se desdobra e emergem necessidades e expectativas individuais e/ou grupais.

Em um grupo operativo, no qual cada membro se identifica e se diferencia dos demais, no qual vínculos são construídos, bem como o que é singular e subjetivo são trabalhados, há, sem dúvida, um ambiente de escuta (BASTOS, 2010).

A escuta do que se fala e do que o outro diz, propicia ao sujeito ver e rever as suas posições diante do mundo e de sua vida. Novas perspectivas surgem à medida que a visão do estar no mundo se amplia.

De certa forma, a escuta faz com que, no grupo operativo, haja ações terapêuticas. No entanto, nem sempre o grupo terapêutico pode ser denominado operativo.

A técnica do grupo operativo sugere que haja:

- a tarefa implícita – a maneira como cada participante vivencia o processo grupal;
- a tarefa explícita – como se desenvolve o diagnóstico ou a forma de tratar e de aprender a tarefa; e
- os elementos fixos – aqueles que se relacionam com o tempo e a duração da tarefa, período frequencial e a divisão das funções de observador e coordenador.

À medida em que se identifica o amadurecimento do processo grupal, no que se refere ao exercício de escuta, mais transformações significativas e melhor elaboração dos conflitos emergidos acontecerão.

PARA SABER MAIS! O Centro Interdisciplinar de Estudos Grupais Enrique Pichon-Rivière possui um domínio na internet que pode ser acessado através do endereço http://www.ciegepr.org.br. A página oferece algumas informações relevantes, inclusive indicações de cursos que podem ser frequentados por quem se interessar.

3. A organização social da educação: práticas educativas e desenvolvimento humano

A escola, como a vemos, é resultante de uma construção histórica. A princípio, o homem, em seu percurso histórico, educava (ROCHA, 2005):

- **na sociedade primitiva** – a educação acontecia espontaneamente e de forma integral, tendo em vista que as instituições educacionais ainda não existiam;
- **na Antiguidade** – os pais transferiam seu conhecimento para seus descendentes. É o que chamamos de educação de pais para filhos;
- **na Idade Média** – os pais com melhores condições financeiras custeavam a Educação de seus filhos, contratando mestres particulares. Neste período, a educação passa a ser vista como importante para a formação humana; e
- **no século XVIII** – surgem as primeiras escolas públicas e o Estado assume a responsabilidade da Educação da população.

Ao refletirmos sobre os avanços e retrocessos da educação, bem como de sua significância social, não podemos deixar de lado o quanto esse espaço de cidadania pode gerar transformações individuais e coletivas.

Ao conhecermos a Teoria do Vínculo, concebida por Pichon-Rivière, podemos compreender, de maneira mais esclarecedora, a organização social da Educação e o processo de desenvolvimento humano que ocorre quando estamos inseridos em um grupo.

Foi a partir dos seus estudos sobre a relação do bebê com a figura materna que Pichon-Rivière elaborou a teoria do vínculo. Para este autor, a noção do vínculo se relaciona ao que há de mais primitivo entre mãe e bebê.

O sujeito é constituído pelos seus dilemas interiores em confronto com sua realidade externa. Se por um lado busca a satisfação de suas necessidades, por outro, para satisfazê-las, precisa entrar em contato, interagir, vincular-se ao outro (BASTOS, 2010).

A partir desses vínculos é que nasce o sujeito social, tendo em vista que está inserido em um ambiente cultural. Na complexidade das relações internas e externas, é que o sujeito **internaliza** vínculos, bem como os relacionamentos sociais vividos, que constituirão seu psiquismo. Neste sentido, ao conceituarmos o vínculo, temos a possibilidade de compreender quais as relações e patologias que ocorrem entre sujeito e objeto, sujeito e sociedade.

Pichon-Rivière, baseado nos estudos psicanalíticos, acredita que o vínculo está intimamente ligado às relações de objeto vividas pelo sujeito. Essas relações vinculares podem ser compreendidas como:

relação de objeto diferenciado – quando o indivíduo se percebe saudável consigo e estabelece uma relação independente e diferenciada afetivamente do objeto.

relação de objeto não-diferenciado – quando a relação entre objeto e sujeito se desenvolve negativamente e de maneira não saudável.

Essas relações podem ser:

- simbióticas - o indivíduo apresenta dificuldade em diferenciar o que é seu do outro. Isso impede que o sujeito se veja como individual e singular; e
- parasitárias – quando apenas um dos envolvidos na relação vincular é beneficiado e nutrido em suas necessidades.

Nesta teoria, o referido autor enfatiza a característica social que está inserida no vínculo, tendo em vista que em todo relacionamento que estabelecemos existe uma triangularidade presente e, consequentemente, mudança de comportamento.

O sujeito internaliza personagens e, dentro do processo de vínculo, também é influenciado pelas percepções sensoriais-corporais que se constroem durante a relação. É um processo dinâmico de troca.

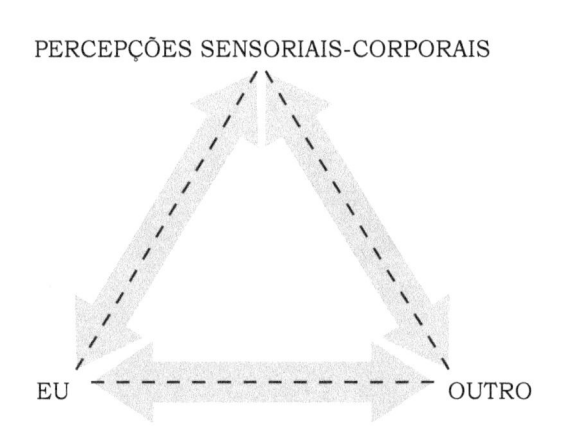

PERCEPÇÕES SENSORIAIS-CORPORAIS

EU ←――――――――――→ OUTRO

> **ATENÇÃO!**
> O vínculo evidencia a complexidade da estrutura psíquica.

Todo processo de vínculo traz em si um sentido de existência e direção.

A Teoria do Vínculo, enquanto método científico, busaca interpretar tanto os dados internos quanto externos que, por meio de hipóteses interpretativas, focam no aqui-agora.

No entanto, vale ressaltar que é difícil estabelecer os limites entre os vínculos internos e externos, já que estão completamente mesclados entre si.

Quando passamos pela experiência de ser internalizado pelo outro e de internalizá-lo, temos a possibilidade de rever nossos conceitos e de construir novos paradigmas sobre o que observamos e vivenciamos. Cada sujeito estabelece vínculos de uma maneira bem peculiar com o mundo externo.

Baseado nos estudos do psiquiatra e psicanalista Daniel Lagache (1903-1972), Pichon-Rivière formulou o conceito de ECRO – Esquema Conceitual Referencial Operativo.

O ECRO é:

- dinâmico;
- sofre mudanças a partir do momento em que se modificam os vínculos relacionais; e
- flexível, tendo em vista que ele é revisto incessantemente e em cada momento que transita pela espiral dialética.

Cada indivíduo que faz parte do grupo constrói um ECRO que se desenvolve de acordo com o que o sujeito lida, com suas próprias necessidades e com as que emergem do mundo externo.

Todo sujeito ou grupo, ao alcançar o resultado de uma tarefa, usa os sentidos inseridos no campo psíquico. Os cinco sentidos do campo psicológico inseridos no Esquema Conceitual Referencial Operativo são:

1) o entourage ou contorno – sua concepção é de um todo que aglomera tanto situações quanto fatores humanos e físicos que interagem permanentemente;

2) a conduta exterior – é possível ser observada, pois envolve as diferentes maneiras de se comunicar, em especial, através da palavra. Esta conduta exterior pode ser provocada ou espontânea, e ter ou não ajuda instrumental;

3) a vivência – se refere à experiência que o iindivíduo viveu e verbaliza, inferindo-a em sua conduta exterior. Ela nos oferece dados sobre traços psicológicos da pessoa;

4) as modificações somáticas objetivas – são aquelas alterações que surgem em uma situação específica; e

5) os produtos de atividade do sujeito – são as produções do sujeito, tais como: um relato de vida, um texto, uma avaliação psicopedagógica, uma obra de arte, um teste psicológico, etc.

Além da teoria do vínculo, Pichon-Rivière nos permite compreender de que maneira os grupos operativos podem contribuir para as práticas educativas e para o desenvolvimento do ser humano (tanto como ser individual, quanto social).

Assim como na educação, em que temos a mediação dos professores e dos coordenadores, também nos grupos operativos existem processos mediados, como as questões que emergem do grupo, o tema a ser trabalhado, etc.

Pichon-Rivière denominou de aprendizagem as estruturas dinamizadas e oriundas do ECRO e que se processam permanentemente na espiral dialética

Aprender envolve intergair e comunicar-se com os outros. Estes são processos dinâmicos, contínuos e inseparáveis. Na teoria pichoniana, o vínculo é uma complexa estrutura na qual sujeito, objeto e a relação entre ambos se desenvolve a partir de processos comunicacionais e de aprendizagem (PICHON-RIVIÈRE, 1988).

A escola, neste sentido, além de oferecer um ambiente diversificado de relações, propicia, também, a iniciação do sujeito em grupos e nas práticas sociais. A aprendizagem que se constrói a partir dos processos grupais coloca em destaque um leque de acontecimentos que permite que o indivíduo elabore conhecimentos, se integre e questione tanto a si mesmo quanto ao outro (BASTOS, 2010).

Para Pichon-Rivière, o grupo é um instrumento importante no processo de transformação do contexto no qual os sujeitos estão inseridos. O conhecimento também é significativo quando abordamos as questões que envolvem o relacionamento entre o sujeito que aprende e o indivíduo que, dentro de uma instituição escolar, ensina.

No desenvolvimento de qualquer relacionamento interpessoal, dentro do processo de ensino-aprendizagem, o conhecer e aprender com/sobre o outro faz com que figuras sejam introjetadas e projetadas de maneira dinâmica e interativa.

Na teoria pichoniana, saúde mental e aprendizagem são conceitos vistos com o mesmo sentido, na proporção de que o real faz parte dessa nova experiência vivenciada no grupo e de uma forma peculiar e individual de aprender (BASTOS, 2010).

Para Pichon-Rivière a doença mental traz em si um distúrbio do processo de aprendizagem da realidade.

Este distúrbio seria desencadeado pela **dialética processual vincular**, na qual o sujeito ou grupo não muda seu comportamento e se mantém no contexto de repetir as mesmas condutas. Desta forma, as possibilidades de aprendizagem, no sentido do que a teoria pichoniana defende, não acontecem.

O sujeito não demonstra o desejo de estabelecer novos vínculos e resiste a incorporar informações, conhecimentos e a rever seu comportamento no meio social. Vale ressaltar a importância da escola acionar, sempre que necessário, profissionais especializados, tais como psicólogos, pedagogos, psicopedagogos, neurologistas/neuropediatras, psiquiatras, entre outros, para que haja intervenção coletiva e em rede, para que o indivíduo possa avançar no processo de desenvolvimento e aprendizagem. Não se deve esquecer a parceria com a família e a comunidade escolar.

4. As práticas educativas familiares

A família é o primeiro sistema institucional do qual o indivíduo recebe valores, crenças, ideias e significados que fazem parte de nossa sociedade. É na família que são gerados os modelos relacionais entre as pessoas e aqueles que constroem nossa noção de individualidade e coletividade (DESSEN; POLONIA, 2007).

As interações no meio familiar permitem que as sociedades se transformem. A cada geração que é construída, a influência família-sociedade faz com que o sistema social seja impactado por novos paradigmas, bem como gera a reflexão dos antigos valores vivenciados.

A família, como a principal responsável por absorver as mudanças de nossa sociedade e da diversidade comportamental das gerações, é um grupo de significância no desenvolvimento evolutivo dos indivíduos. No seio familiar, aprendemos a lidar com situações conflituosas e divergentes, a aprender e a expressar todos os tipos de sentimentos que são gerados a partir do relacionamento interpessoal.

A família, como parte de um grupo e dentro de uma visão sistêmica, atribui a cada um de seus membros, papéis a serem desempenhados no relacionamento cotidiano.

Pichon-Rivière, seguindo a linha de pensamento da Psicologia Social, entende que desde o nascimento o ser humano faz parte de algum grupo: a princípio, a família e, posteriormente, amigos, escola e sociedade (CABELLO, 2012).

Os laços consanguíneos não são os definidores do que significa a família. Esta se manifesta pela conjunção de fatores que envolvem o significado tanto das relações, como das interações entre cada membro que compõe o núcleo familiar.

> *PARA SABER MAIS! O estudioso Petzold, em um dos seus estudos publicados em 1996, identificou 196 tipos de família, a partir de algumas combinações tais como: laços consanguíneos, tipos de moradia, maneira de compartilhar a renda, formas legais de união e grau de intimidade nos relacionamentos.*

É importante destacar que não existe uma família com configuração perfeita ou ideal. As inúmeras maneiras de nos relacionarmos e de interagirmos uns com os outros fazem com que os diferentes tipos de famílias se configurem.

Esses arranjos familiares diferenciados que emergem em nossa sociedade fazem com que os papéis desempenhados por cada um de seus membros também sofram modificações tanto na interação, como nas expectativas e nos processos individualizados de desenvolvimento (DESSEN; POLONIA, 2007).

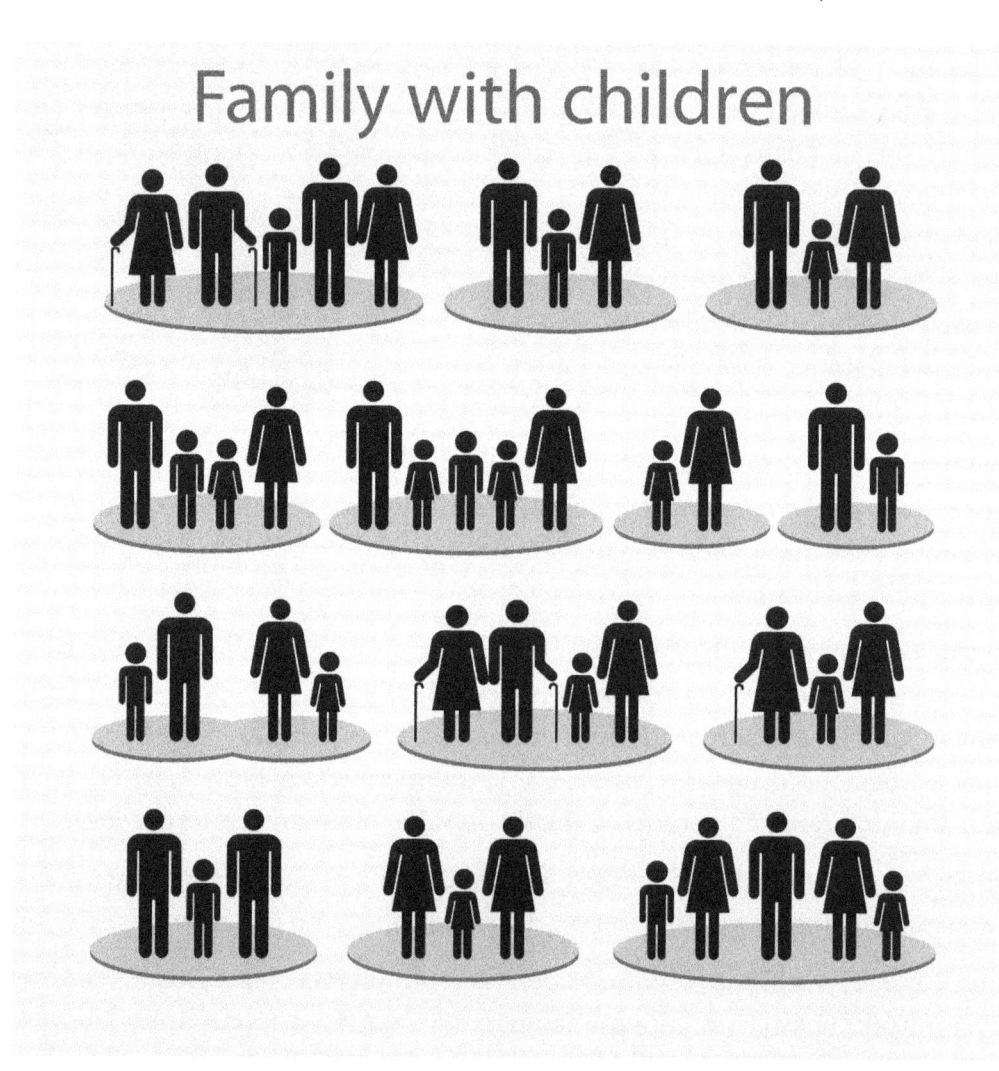

Atualmente, a família vai além da noção de que é um sistema relacional que está restrito a apenas um grupo fechado. Ela sofre a influência das relações tanto internas, quanto externas, que estão intimamente coesas.

O ambiente familiar, apesar de muito significativo na vida do indivíduo, não é o único espaço de experiências e vivências de aprendizagem e desenvolvimento. Os laços afetivos que são construídos no seio familiar são desencadeados por dois processos distintos, que são:

- os processos de desenvolvimento (cognitivo, afetivo, social, emocional) e interações saudáveis – que permitem que o indivíduo enfrente as situações diárias com mais segurança e equilíbrio interno; e
- os processos dificultadores do desenvolvimento (cognitivo, afetivo, social, emocional) saudável e da interação social – estes geram, no indivíduo, problemas de ajustamento, conflitos internos, insegurança e baixa autoestima.

ATENÇÃO! São os laços afetivos que permitem que cada membro do grupo familiar se sinta apoiado tanto psicologicamente quanto socialmente.

Os pais são modelos para os filhos e impactam suas vidas. Essas **figuras parentais**, além de serem exemplos, fazem com que seus filhos, a partir dessa referência, construam:

- vínculos afetivos;
- autoestima;
- autoconceito;
- modelos relacionais, que serão expandidos para outros espaços de interação social; e
- estratégias para lidar com o estresse diário e com as questões cotidianas.

Apesar da família e da escola apresentarem alguns pontos distintos na ação educativa do sujeito, no que se refere a objetivos, conteúdos, métodos e interações sociais e afetivas, ambas são os principais espaços tanto para o desenvolvimento e evolução do ser humano, quanto para sua inibição.

É relevante aproximar esses dois contextos, buscando reconhecer que tanto um como o outro são processos de desenvolvimento e aprendizagem em relação ao discente e aos demais atores envolvidos neste cenário (DESSEN; POLONIA, 2007).

Essa interação entre escola e família, por ser um desafio necessário, tem despertado o interesse dos estudiosos. Um dos focos das pesquisas têm sido as questões que envolvem o desenvolvimento cognitivo, afetivo e social do indivíduo, o sucesso escolar e a relação com os núcleos familiar e escolar.

É importante que o profissional de Psicopedagogia esteja atento à rede relacional que se estabelece entre a formação do sujeito e o modo único como aprende (RUBINSTEIN, 2003).

Neste sentido, é importante compreender que a família e a escola são grupos que viabilizam o desenvolvimento de papéis e funções. Cada integrante desses núcleos precisa ser visto em suas relações internas e externas, bem como na sua singularidade para a aprendizagem.

É relevante pontuar que Pichon-Rivière, através dos seus estudos, como a teoria do vínculo e dos grupos operativos, destaca a importância de compreendermos que a família e a escola são ambientes educacionais através dos quais os indivíduos desenvolvem e constroem conhecimento.

Glossário – Unidade 4

Dialética processual vincular – processo de vínculos afetivos que são refletidos continuamente e observados quanto a como estão se desenvolvendo e sendo construídos.

Ética epistemológica – construção do valor do que é certo ou errado, do que é pertinente ou inadequado.

Experiência – como o sujeito sente e vive determinado acontecimento.

Figuras parentais – imagens relativas ao pai e à mãe, ao genitor e à genitora.

Internaliza – quando o sujeito leva algo para si; guarda em seu interior; guarda dentro de si.

Introspecto – voltado para dentro de si; intimista.

Narcisismo – quando o sujeito está voltado para si mesmo, buscando qualificar suas necessidades e desejos, não levando em conta que existem, além de suas demandas internas, as demandas externas.

Ontogênese do sujeito – se refere às origens, desenvolvimento e evolução do sujeito, desde seu nascimento.

Salutares – saudáveis.

Sujeito espaço vazio – hiato que divide o eu consciente do inconsciente, ou seja, a máscara simbólica que incorporamos perante o outro, como os papéis que desempenhamos como pai, mãe, esposa, marido, cidadão, etc.

Referências

AZENHA, Maria da Graça. *Construtivismo: de Piaget a Emília Ferreiro*. São Paulo: Ática, 1999.

BASTOS, Alice Beatriz B. Izique. A técnica de grupos-operativos à luz de Pichon-Rivière e Henri Wallon. Psicólogo. *Formação*, ano 14, n. 14 jan./dez. 2010. Instituto Metodista de Ensino Superior. Disponível em: <https://www.metodista.br/revistas/revistas-ims/index.php/PINFOR/article/viewFile/2348/2334>. Acesso em: maio 2015.

BOCK, Ana M. Bahia; FURTADO, Odair; TEIXEIRA, Maria de Lourdes T. *Psicologia: uma introdução ao estudo de Psicologia*. 10. ed. São Paulo: Saraiva, 1997.

BORUCHOVITCH, E. *A motivação do aluno*. 4. ed. Petrópolis: Vozes, 2009.

BRIZA, Lucita. Sócrates. *Educar para Crescer*, Abril, 20 jul. 2011. Disponível em: <http://educarparacrescer.abril.com.br/aprendizagem/socrates-306963.shtml>. Acesso em: março 2015.

CABELLO, Carlos Alberto de Souza. *Teoria do Vínculo de Pichón Rivière*. Disponível em: <http://www.psicopedagogia.com.br/new1_artigo.asp?entrID=1448#.VUgmsI5Viko>. 2012. Acesso em: abr. 2015.

CAMPOS, Dinah Martins de Souza. *Psicologia da Aprendizagem*. 15 ed. Petrópolis: Vozes, 1983.

DESSEN, Maria Auxiliadora; POLONIA, Ana da Costa. *A família e a escola como contextos de desenvolvimento humano*. Paidéia, Ribeirão Preto, v. 17, n. 36, p. 21-32, abr. 2007. Disponível em: <http://www.scielo.br/scielo.php?script=sci_arttext&pid=S0103-863X2007000100003&lng=en&nrm=iso>. Acesso em: 4 maio 2015.

FLAVELL, J. H. *A Psicologia do Desenvolvimento de Jean Piaget*. São Paulo: Pioneira, 1975.

GAYOTTO, M.L.C (Org.). *Trabalho em grupo: ferramenta para mudança*. Petrópolis, Vozes. 2002.

GROSSI, E. P.; BORDIN, J. (Orgs.). *Construtivismo pós-piagetiano*. Petrópolis: Vozes, 1993.

HAMZE, Amélia. *O que é a Aprendizagem?* Disponível em: <http://educador.brasilescola.com/trabalho-docente/o-que-e-aprendizagem.htm>. Acesso em> maio 2015.

JOLIBERT, Bernard. *Sigmund Freud*. Recife: Fundação Joaquim Nabuco; Massangana. 2010 (Coleção Educadores).

KONDER, L. *O que é dialética*. São Paulo: Brasiliense. 1998.

LA TAILLE, Yves. *Desenvolvimento do juízo moral e afetividade na teoria de Jean Piaget*. In.: LA TAILLE, Yves; OLIVEIRA, Marta Kohl; DANTAS, Heloisa. *Piaget, Vygotsky, Wallon: teorias psicogenéticas em discussão*. São Paulo: Summus, 1992.

LAPLANCHE, J.; PONTALIS, J. B. *Vocabulário da Psicanálise*. São Paulo: Martins Fontes. 1992.

LIMA, Sandra Vaz de. *A importância da motivação no processo de aprendizagem*. Disponível em: <http://www.artigonal.com/educacao-artigos/a-importancia-da-motivacao-no-processo-de-aprendizagem-341600.html>. 2008. Acesso em: mar. 2015.

MUNARI, Alberto. *Jean Piaget*. Tradução e organização: Daniele Saheb. Recife: Fundação Joaquim Nabuco; Massangana, 2010. (Coleção Educadores)

PEREIRA, Thaís Thomé Seni Oliveira. Pichon-Rivière, a dialética e os grupos operativos: implicações para pesquisa e intervenção. Rev. SPAGESP, Ribeirão Preto, v. 14, n. 1, 2013. Disponível em: <http://pepsic.bvsalud.org/scielo.php?script=sci_arttext&pid=S1677-29702013000100004&lng=pt&nrm=iso>. Acesso em: maio 2015.

PESSOA, Vilmarise Sabim. A afetividade sob a ótica psicanalítica e piagetiana. Revista Publicatio UEPG: Ciências Humanas, Linguistica, Letras e Artes – Universidade Estadual de Ponta Grossa – Volume 8. Número 1. Publicação de 2000. Disponível em: http://revistas2.uepg.br/index.php/humanas/article/viewFile/12/9 - Acesso em abril de 2015.

PICHON-RIVIÈRE, E. *Teoria do vínculo*. São Paulo: Martins Fontes. 1988.

RAPPAPORT, Clara Regina; FIORI, Wagner da Rocha; DAVIS, Cláudia. *Psicologia do Desenvolvimento. Volume 1. Teorias do desenvolvimento: conceitos fundamentais*. São Paulo: EPU, 1981.

RIBEIRO, Filomena. *Motivação e aprendizagem em contexto escolar*. Revista Online do Centro de Formação de Professores do Nordeste Alentejano. 2001. Disponível em: http://www.cefopna.edu.pt/revista/revista_03/es_05_03_FR.htm - Acesso em março de 2015.

ROCHA, Andréa Pires. A instituição escola na sociedade dividida em classes: uma construção histórica. Disponível em: <http://www.uel.br/revistas/ssrevista/c_v6n2_andrea.htm>. Acesso em: abril 2015. In.: Palco de conflitos: escola pública no capitalismo, aparelho hegemônico ou instrumento de contra-hegemonia?>. 2005. Disponível em: <http://www.ppe.uem.br/dissertacoes/2005-Andrea_Rocha.pdf>. Acesso em abril 2015.

ROSA, Merval. *Psicologia Evolutiva. Problemática do Desenvolvimento*. 3. ed. Petrópolis: Vozes, 1985. v. I.

RUBINSTEIN, E.R. *O estilo de aprendizagem e a queixa escolar: entre o saber e o conhecer*. São Paulo: Casa do Psicólogo. 2003.

SANTOMAURO, Beatriz. *Três ideias sobre a aprendizagem*. Publicado em Nova Escola. Edição 237. Novembro de 2010. Disponível em: <http://revistaescola.abril.com.br/formacao/formacao-continuada/inatismo-empirismo-construtivismo-tres-ideias-aprendizagem-608085.shtml>. Acesso em: mar. 2015.

SASS, Odair. Construtivismo e Currículo – Publicação do CRE – Centro de Referência em Educação Mario Covas. Série Idéias. n. 26. São Paulo: FDE, 1998. Páginas: de 87 a 103. Disponível em: <http://www.crmariocovas.sp.gov.br/pdf/ideias_26_p087-103_c.pdf>. Acesso em abr. 2015.

SOUZA, Maria Thereza Costa Coelho de Souza. *O desenvolvimento afetivo segundo Piaget*. In.: ARANTES, Valéria Amorim (org.). *Afetividade na escola: alternativas teóricas e práticas*. São Paulo: Summus, 2003.

SAWAIA, Bader Burihan. *A crítica ético-epistemológica da Psicologia Social pela questão do sujeito*. Psicologia & Sociedade; 10 (2): 117-136; jul./dez. 1998.

ZIMERMAN, D.E. *Classificação geral dos grupos*. In.: ZIMERMAN, D. E.; OSÓRIO, L. C. *Como trabalhamos com grupos*. Porto Alegre: Artmed. 1999.

Kátia Dumard da Silva

Graduada e Licenciada em Psicologia (UCP) com especialização em Educação e Reeducação Psicomotora (UERJ) e em Educação Inclusiva (UCAM), é mestre em Educação (UFRJ). Atua na área de Psicologia e Educação e como Psicóloga Clínica e Psicóloga Escolar/Educacional (rede particular e rede pública). Foi professora-tutora do curso a distância de Pós-Graduação em Educação Especial com proposta inclusiva (Universidade Federal do Rio de Janeiro - Unirio).

Impresso por
META
www.metabrasil.com.br